海が燃えた日

Nippon

1992

1992年4月5日。イタリアと戦うニッポンチャレンジは、
スターティング・マニューバーの際、波に大きくバウを叩かれブームを折ってしまった。
しかし、そのレースをブームのないまま完走し、地元メディアで大いに賞賛された。
いわく「ブームと勝利は失ったものの、そのシーマンシップは見る人の心をとらえた」と。
アメリカズカップシーンに初めて登場したアジアの国として、
華々しいデビューを飾った日本だった。

1995

ニッポンチャレンジ、3回の挑戦

1995年のアメリカズカップ挑戦艇選抜レースは苦しい戦いの連続だった。
結果的には4位となって92年と同じ成績でレースは終えたものの、
財政的に苦しく、艇は大改造を強いられ、
クルーの士気も最後まで上がらないといった状況だった。
しかし、ニッポンチャレンジは捲土重来を期して2000年の挑戦を決定した。

HEWLETT PACKARD
amino VITAL
Asahi
JAL
YAJI
PIZZA-LA
HYODO
PIZZA-LA

PIZZA-LA
PIZZA-LA
Asahi

レース開催地をニュージーランド・オークランドに移して行われた2000年は、
過去の2度の挑戦の成果が現れた挑戦艇選抜レースとなった。
設計陣は「速い船」を造るために科学的な手法を駆使し、クルーの団結心は高く、
レース艇は自ら組織した造船チームで造り上げ、資金の調達などでスタッフは支えた。
過去2回と同様、挑戦艇選抜レースを4位で終えたものの、充実した戦いだった。
（写真はすべて蒲郡でのトレーニング風景）

2000

ニッポンチャレンジ、3回の挑戦

ニッポンチャレンジの2000年の挑戦を境に、
日本からのアメリカズカップ挑戦の灯は途絶えている。
挑戦しつづけることで得られたはずの経験や技術、
知識がいまの日本に継承されていないことが悔やまれる。
アメリカズカップに一歩でも近づきたいと奮闘した
あの「海が燃えた日々」を、もう一度蘇らせたい。

海が燃えた日

出版に寄せて

アメリカズカップは昔も今も、すべてのセーラーの憧れのレースであることは間違いない。いや、アメリカズカップへ胸をときめかすのは、ヨット乗りだけではない。今でもたくさんの人から「あの何とかカップのヨットレースはその後どうなっているの」と訊かれる。ヨットに乗ったことのないたくさんの人があの頃、同じように日本の挑戦に胸をときめかせてくれていたことの証しだ。

そのレースに実際に挑戦した唯一の日本チーム、ニッポンチャレンジを率いた山崎さん、その右腕を務められた武村さんによる本書は、いろいろな意味で貴重な一冊だ。何よりもこのお二人でなければ残せない記録だ。

山崎さんが最初の挑戦を構想したのが１９８５年、発表が１９８８年、最初の挑戦が１９９２年、そしてニッポンチャレンジ最後となった第３回が２０００年、ずいぶん昔になってしまったとつくづく思う。

その頃、私も憧れていた人間の一人だった。その私がアメリカズカップを少し身近に感じたことがあった。

1985年、ニューヨークに赴任していた私に、本書にも登場する二宮隆雄君が日本から電話してきて、ボストン郊外で開かれるJ24の北大西洋選手権に行くから一緒に乗ろうという。彼は、大学は違うが同期の立教大学キャプテンで、ずっと付き合いがあった。

さっそく手配をし、休みを取って合宿し、レースに参加した。レースが終わって帰国の際に二宮が「帰ったらアメリカズカップに挑戦する。お前も日本に帰ってきたら協力しろ」と言う。相変わらず夢見る二宮だなと思う一方、二宮なら夢中でやるかもしれないとも思った。「必ず手伝うよ」と言って別れた想い出がある。

そんなやり取りがあったから、1987年のアメリカズカップをニューヨークからパースまで24時間かけて観戦に行った。街はアメリカズカップ一色、大きな艇をディンギーのように乗りこなすセーラーたち、すべてに興奮してニューヨークに帰った記憶がある。

二宮が活動を続けていたら私も帰国後、片隅でニッポンチャレンジをお手伝いしていたのではないかと今でも思う。その後、応援団の一人だった『ぴあ』の矢内さんの紹介で山崎さんにお目にかかり、ほんの少しお手伝いする機会があった。そしてその時のご縁もあって、後にJSAFをお手伝いすることにもなった。

そんなことがあったので、一人のセーラーとしても、多少の触れ合いがあった者としても、この本は私に本当に懐かしい想い出と興奮を呼び戻してくれる。そして、この挑戦が今日なお多くの人材を日本のセーリング界に残してくれていることを改めて思い起こさせてくれる。多くの方々が同じ感慨を持たれると思う。

冒頭、これはお二人にしか残せない貴重な記録だと申し上げたが、この本の意味はそれに留まらない。私には、私たちヨット界の後輩への檄に思える。「しっかりしろ。後を継ぐ奴はいないのか。ニッチャレの足跡も徐々に消えてしまうかもしれないというのに」という声が聞こえるようだ。

また、もっと広く、ヨット乗りにだけでなく、ヨットに乗ったことのない方たちにもセーリングというスポーツがいかにエキサイティングか、シーマンシップの意味は何か、そして海洋国家日本の海洋スポーツはいかにあるべきかを語りかけてくれている。

このお二人の労作を、あの輝かしいニッポンチャレンジの想い出の物語に終わらせない責任を痛感しながら読ませていただきました。この想いを多くのセーラーと共有したいと思います。

改めて、お二人と出版に携われた方々に感謝します。

２０１１年12月
財団法人　日本セーリング連盟
会長　河野博文

目次

海が燃えた日

究極のヨットレース、アメリカズカップに挑戦したニッポンチーム

第2章

ニッポンチャレンジはこう戦った

山崎達光

※本書に掲載する企業名、団体名、役職名などは、すべて当時のものです。

第1章　アメリカズカップとニッポンチャレンジ小史

武村洋一

アメリカズカップ発祥の端緒となった〈アメリカ〉号のレプリカ（右）と、12メーター級の〈スターズ＆ストライプス〉。時代の流れとともにアメリカズカップの採用艇も変遷した

はじめに

世界最古のスポーツトロフィーと言われているのがヨットレースのアメリカズカップ（ア杯）だ。テニスのデビスカップ（1900年）、サッカーのワールドカップ（1930年）、大相撲の天皇賜杯（1925年）と比べても、1851年に出現したアメリカズカップは群を抜いて古い。しかも、それから160年後の現在もなお、そのカップをめぐって巨額な資金、帆走技術とハイテクノロジーがしのぎを削っていることに驚く。

いまや、アメリカズカップ参戦は、ハイテクと新素材による艇の開発、設計、建造。強力なセーリングチーム、サポートチームの結成。それらを支える巨額な資金を得るためのマーケティング、戦略的広報など、単にスポーツの域を超えたビッグプロジェクトへの挑戦と化している。まさに、ひとつの起業であり、ビジネスの世界なのである。

アメリカズカップ160年の歴史の中で、日本は3回挑戦をしている。1992年、1995年アメリカ・カリフォルニアのサンディエゴ大会、2000年ニュージーランドのオークランド大会である。日本がどうやって未知の世界に足を踏み入れ、戦い、何を訴え、何を残したか。そして、なぜ挑戦をやめてしまったのか。

あのとき男たちは、勇気と知恵と、持てるすべてのエネルギーを投入して、人生をかけてアメリカズカップというモンスターに立ち向かったのだった。

２０００年を最後に、日本の挑戦は途絶えている。多くの人たちの目を海に向けたあの燃えるような壮挙が、いま日本の海洋スポーツの歴史のひとこまとして埋没しかかっている。

ここで、あらためてアメリカズカップの歴史、日本の挑戦を軸に、海、船、日本人と海とのかかわり、日本の海洋スポーツを語ることで、若者たちの勇気と創造性をいささかでも喚起できれば幸いである。

なお、本稿は２００９年の秋から30回にわたってフジサンケイ ビジネスアイに連載したものに加筆、修正をしたものである。

ヨットやヨットレースには不案内であろう新聞の一般読者を意識して、できるだけわかりやすく書いたつもりだが、つねに、専門用語を一般用語に直す境界に悩まされた。また、小さなコラムだったので1回の字数が少なくて苦労した。なお、文中に登場する人物の敬称は略させていただいた。（武村洋一）

01 アメリカズカップの起源

1851年、日本では嘉永4年、ペリー来航の2年前のことである。ロンドンで第1回万国博覧会が開催された。もともと万博は美術工芸品や工業製品の国際見本市的な色彩が強く、特にロンドンのクリスタル・パレスやパリのエッフェル塔など芸術的な建造物も万博の遺産として数多く残されている。一方、造船も海洋国イギリスの最も得意とする産業であり、イギリスの高性能帆船は世界をリードしていた。当然のように、万博を記念して最新高速帆船によるヨットレースが企画された。レースコースはイギリス南部のワイト島一周。このレースには地元イギリスのヨットが14隻、招待されてはるばる大西洋を渡ってきたアメリカ艇1隻が参加したのだが、世界一流の海洋国家イギリスからすれば新興国アメリカのヨットなど問題にはしていなかった。

1851年8月22日、15隻のヨットはイギリス本土とワイト島をさえぎるソレント海峡をスタートした。レースコースはワイト島を時計回りの1周。夕刻、フィニッシュ海面に現れたのは遠来の〈アメリカ〉号ただ1隻であった。このとき1着の〈アメリカ〉号に与えられたのが銀製の水差しであり、これが後に“America's Cup”と呼ばれるようになった。

暮れなずむソレント海峡にはイギリス王室ヨット〈ヴィクトリア&アルバート〉号がレースを観戦するために錨泊していた。甲板上から〈アメリカ〉号のフィニッシュを見届けたヴィクトリア女王の「2番は？」という問いに対し、“Your Majesty, there is no second.”「女王陛下、2位はございません」という答えはあまりにも有名な言葉としていまでも語り継がれている。


ニューヨーク・ヨットクラブ所属、全長101フィート（約30・7m）のスクーナー型ヨット〈AMERICA〉号が獲得したから“America's Cup”であり、カタカナ表記ではアメリカズカップまたはアメリカスカップであって、アメリカンカップでもアメリカンズカップでもない。アメリカ杯または略してア杯と和文表記する場合もある。

そのカップは当時、100ギニーで作られたといわれ、別名100ギニーカップとも呼ばれている。

02

第1回ア杯レース

レースで抜群のスピードを見せつけた〈アメリカ〉号はイギリスで売却され、カップだけが新大陸アメリカに持ち去られた。はじめ、カップは持ち回りで〈アメリカ〉号の5人のオーナーの邸に飾られていたが、1857年、オーナー全員のサインが付された贈与証書（Deed of Gift）とともに、彼らの所属するニューヨーク・ヨットクラブ（NYYC）に寄贈されたのであった。

贈与証書には、カップは個人の所有物ではなくヨットクラブに帰属すること、また、世界のいかなるヨットクラブもこのカップを獲得するためのレースに挑戦することができること、レースはカップを保持している防衛クラブ（ディフェンダー）と挑戦クラブ（チャレンジャー）の1対1のマッチレースで行われることなどが記されていて、後々ア杯レースの憲法となっている。

一方、カップを奪われた海洋先進国イギリスの海事関係者およびレースを主催したロイヤル・ヨット・スクォードロンの首脳たちの屈辱感と落胆は大きかった。なんとしてもカップを取り戻さなければならない、カップを奪回することで海洋国イギリスの面目を保たなければならない、という声が高まってきた。

カップを獲得したNYYC側もイギリスのこの状況は承知していて、いつかはカップを取り戻しに来るだろうと予想はしていた。しかし、イギリスのカップ奪回の動きは意外と遅く、第1回のア杯レースが行われたのは19年後の1870年であった。すなわち、このレースが第1回のアメリカズカップ・レースであり、ディフェンダーNYYCの新鋭艇〈マジック〉号がイギリスの挑戦艇〈キャンブリア〉号を破ってカップを防衛したのだった。

03
欧米と日本、当時の外洋航海事情

ワイト島1周レースが行われた19世紀半ば、大航海時代と産業革命を経て、ヨーロッパ各地には大富豪が出現していた。30年間にわたって5回、ア杯に挑戦をした紅茶王サー・トーマス・リプトンなどがその代表であろう。

外洋帆船の設計、建造、そして航海術が著しく発達し、外洋航海は成熟の時代を迎えていた。そんな時代背景の中でヨットクラブが各地に誕生し、ヨットレースが盛んに行われるようになった。イギリス王室をメンバーに擁するロイヤル・ヨット・スクォードロンは、敢えてヨットクラブとはいわない。スクォードロンとは、〝艦隊〟である。そこには、きわめて質の高いシーマンシップに裏付けられた海洋国家、海洋精神の矜持と高ぶりが感じられる。

一方、新興国アメリカでも貿易、捕鯨など外洋帆船による活動が盛んに行われており、1844年には新大陸での事業に成功した人たちがニューヨーク・ヨットクラブ（NYYC）を組織して、アメリカ合衆国での外洋帆走スポーツの中心的な役割を果たしてきたのである。NYYCは1983年まで132年間にわたってアメリカ杯を保持していた。

ところで、当時の日本の外洋航海事情はどうだったのであろうか。実は、徳川幕府の鎖国政策が外洋航海技術の発達を大きく遅滞させてしまった。造船の規制も厳しいものがあった。帆柱は1本、帆は1枚、竜骨、肋材、甲板はなし。とても外洋航海に耐えられる船ではなかった。それでも沿岸に限って北前船、菱垣廻船、樽廻船などが活発に運航されていたが、沿岸とはいえ厳しい季節風にあって遭難する船が続出した。

嵐にほんろうされた船頭（船長）、水主（かこ・船員）たちは、まず神仏に祈った。次に髷《まげ》を切って祈った。それでも嵐がおさまらないときは積み荷を捨てた。荷を捨てることは、たとえ助かったとしても破滅を意味していた。そして、最後には斧をたたきこんで帆柱を倒した。航行能力を失った船は、一個の漂流物にすぎなかった。黒潮に乗ってしまえば果てしなく流されるしかなかった。きわめて稀に無人島に流れついたりアメリカの捕鯨船に救助されるケースもあったが、鎖国令を破った罪人としてその後の人生は苛酷なものであった。

04 ビッグ・アメリカの時代

ア杯の初期の頃、ヨットは自由設計で、それぞれのヨットが一定の公式によって算出されたハンディキャップを持ち、レースの所要時間が修正されて勝敗が決められていた。次に、ある規定の中で自由に設計できるフォーミュラークラスのヨットが登場していまに至っている。勝敗は先着順で、すこしわかりやすくなってきた。

１８７０年の第1回大会から１９８３年の第25回大会まで１１３年間、アメリカはイギリスを中心にした英連邦からの挑戦をことごとく退け、カップはニューヨーク・ヨットクラブ（ＮＹＹＣ）から離れることはなかった。アメリカは強かった。しかし、その強さの裏側には防衛側有利の大きな理由があった。

大会開催の時期、場所、レース方式など、基本的な重要事項の決定権が防衛側にあったこと。初期の挑戦艇は大会開催場所まで自力回航しなければならなかったために、どうしても頑丈で重厚な外洋ヨットになってしまう。防衛側はスピードを重視した軽量で、場所によっては固定キールでなく上げ下げできるセンターボードのヨットで戦うことができた。

１８５１年に〈アメリカ〉号がイギリスから獲得した“America's Cup”は、ニューヨークのマンハッタン44丁目に威容を誇るＮＹＹＣカップルーム中央のテーブルにボルト締めされてしまった。１９７０年、筆者はニューヨーク出張の折、アメリカズカップをぜひ見てみたいと思い、ニューヨーク三井物産の藤原宣夫さん（東京大学ヨット部ＯＢ）にお願いしてＮＹＹＣを訪ねたことがある。船の艫《とも》（船尾部分）を模した出窓が特徴の重厚な建物の入り口で、赤い金モールの制服を着たガードマン氏に、「メンバースオンリー、サー」と丁重に断られてしまった記憶がある。

このダウンタウンクラブとは別に、ＮＹＹＣのセーリング活動の基地は、ニューヨークの富裕層の別荘地であるロードアイランド州のニューポートに立派なクラブハウスがあって、初期の頃は別として、アメリカズカップ・レースのほとんどがここで行われていた。

アメリカのセーリング界を象徴するＮＹＹＣが１１３年間にわたってイギリスを中心とする英連邦の挑戦をことごとく退けカップを守り切ったことは、防衛側有利な側面があったとしても、新興国としての旺盛な勢い、積極的な海洋精神が感じられ、ビッグ・アメリカの時代だったといえるのである。

05 12メーター級ヨット

アメリカズカップも、1937年の第16回大会を境に世界大戦による休止期に追い込まれた。戦後最初の大会は1958年イギリスからの挑戦であったが、米英の経済力は長い戦争により疲弊していた。ヨットは比較的小ぶりの12メーター級が使用され、挑戦艇も自力回航でなくレース開催地まで輸送されるようになった。

ヨットには、そのヨットのポテンシャルスピードを長さのメーターで表す方式がある。メーター級ヨットもそれである。12メーター級ヨットとは、ヨットの長さが12メートルということではなく、一定の計算式にスピードの3要素、すなわち、水線長、帆面積、喫水を当てはめ、その答えが12メーターを超えないという制限の中での自由設計であり、小ぶりとはいえ全長は約20メートル、乗員は11人のレーシングヨットである。

ヘルムスマン（操舵担当）、タクティシャン（作戦担当）、ナビゲーター（測定担当）の3人が司令塔であり、アフターガードと呼ばれる。ヘルムスマンがスキッパー（艇長）を兼ねることが多い。残りの8人は、セールの調節をするセールトリマー、前部甲板で作業するバウマン、セールの揚げ降ろしをするマストマン、人間モーターと呼ばれる巨漢ぞろいのグラインダーなど、それぞれ部署が決められていた。クルー全員は物理的につながっていて、個々の優れたクルーワークに支えられた究極のチームワークが最高のボートスピードとタクティクスを生み出すのである。

このクラスのヨットレースでは、セールを揚げたり出し入れする力とスピードを必要とする作業にエンジンや電動のモーターを使うことは禁止されていたので、グラインダーと呼ばれる強力なパワーを発揮するクルーが乗船していた。一時期、アメリカでもセーリング以外のパワースポーツ、例えばアメリカンフットボールなどから選手をつれてきてクルーに採用することがあった。セーリングとは無縁のクルーが、ときにはデッキ下で、ただ機械的にクランクハンドルを回したのだが、これは失敗だった。結局、グラインダーといえどもセーラーでありシーマンであることが、チーム構成上必要なことが明白になった。

06
カップはオーストラリアへ

　113年間ニューヨーク・ヨットクラブ（NYYC）が守り続けてきたアメリカ杯も、ついにアメリカが敗れるときがきた。1983年の第25回大会。挑戦者はイギリスではなく、新興勢力として台頭著しいオーストラリアであった。

　このときのNYYCの防衛艇スキッパーは、のちにミスター・アメリカズカップとまで呼ばれるようになったデニス・コナー。デニスは5隻によるディフェンダーシリーズを勝ち抜いて防衛艇スキッパーの座を獲得した。

　挑戦クラブはオーストラリアのロイヤル・パース・ヨットクラブ。シンジケートボスのアラン・ボンドは1960年代に土地開発をはじめ数々の事業に成功、一躍実業界に名乗りをあげた人物であった。

　3勝1敗。先にマッチポイントを握ったのはデニス・コナーの〈リバティー〉であった。しかし、オーストラリアの〈オーストラリアII〉は驚異的なねばりで最後に3連勝し、4勝3敗でアメリカからカップを奪い取った。

ついにアメリカは敗れた。オーストラリアでは全国民が狂喜した。パースで勝利の報を聞いたホーク首相は群がる報道陣の前で、この日を国民の祝日とすることを宣言した。

1974年以来4回の挑戦の末、史上初めてカップを獲得し、カンタス航空の特別機でチームメンバーと一緒に意気揚々とパースに凱旋したときがアラン・ボンドの絶頂だった。

もともと、ア杯はイギリスの貴族社会からニューヨークのエスタブリッシュメントに引き継がれたものであり、成り上がり者が入り込む世界ではなかった。事実、大会期間中の記者会見や社交の場で、ボンドは心ない屈辱に何度も耐えなければならなかった。

しかし、ボンドは勝った。113年間NYYCが保持し続けた“The Cup”は、本家イギリスに戻ることなく、西オーストラリアの辺境の地に移ったのだった。

その後、1992年にアラン・ボンドは事業に失敗し破産。1997年には背任横領の罪で服役、折しも、シドニーオリンピックで沸く2000年に出所。ア杯史上、特異な存在として名を残すこととなった。

一方、アメリカでは、時の大統領レーガンがボンドに言った次の言葉が報道された。「カップのボルトを締めすぎないように。アメリカはすぐに取り戻しに行くのだから」。また、「カップを失った初のアメリカ人」としてデニス・コナーの名が喧伝された。しかし4年後、その言葉は「カップを失い、奪回した初のアメリカ人」に修正されるのだった。

07
デニス・コナーの復活

カップは西オーストラリアのロイヤル・パース・ヨットクラブにその居場所を移した。ニューヨーク・ヨットクラブ（ＮＹＹＣ）のカップルームには置くものがなくなってしまった。どこからか「負けた艇長の生首を置くしかない」という言葉が聞こえてきた。

ＮＹＹＣを追われたデニス・コナーは故郷のカリフォルニア・サンディエゴに戻り、サンディエゴ・ヨットクラブ（ＳＤＹＣ）からの挑戦を企てていた。

１９８７年、ＮＹＹＣを離れた初のア杯大会は西オーストラリアのパース近郊フリーマントルで開催された。

雌伏4年、カップ奪回に燃えるデニス・コナーは、フリーマントルと海象がよく似ているハワイのホノルル沖で猛練習を重ねた後、愛艇〈スターズ&ストライプス〉とともにフリーマントルに乗り込んだ。

南緯32度、すぐ南は〝吠える40度線〟と呼ばれて船乗りたちから恐れられていた荒海。南極まではさえぎるものもない。猛暑の夏、午後になると毎日吹いてくる南極からの冷たい風が気温を下げ、暑さでぐったりしていた病人が元気になるという、この風をフリーマントルドクターと呼ぶ。

このときの挑戦艇は〈スターズ&ストライプス〉を含めて6カ国13隻。デニスのカップ奪回への執念は際立っていた。当然のようにデニスは挑戦権を得た。

ア杯本戦、連日の強風と激浪の中で、挑戦艇〈スターズ&ストライプス〉と防衛艇オーストラリアの〈クッカブラⅢ〉との戦いが始まった。しかし、〈クッカブラⅢ〉はデニスの敵ではなかった。デニス・コナーは4勝0敗、ストレートでカップを奪い返した。

ここに「カップを失い、奪回した初のアメリカ人」が誕生したのだった。

誇らしげに、カップを特別機のファーストクラスの座席にベルトで固定し、デニス・コナー一行は帰国した。アメリカはカップと海洋国家としての誇りを取り戻したのだった。しかし、カップが戻ったのはNYYCのカップルームではなく、西海岸のSDYCだった。

08
日本の挑戦表明

1987年のフリーマントル大会には、13隻の挑戦艇と6隻の防衛艇がエントリーし、それぞれ代表艇を決めるために約4カ月にわたって熱戦が展開された。ということは、19のシンジケートが、大会が始まる1年も前からそれぞれベースキャンプを設営してレース海面での練習をしていたのだった。

各チームのセーラー、スタッフ、スポンサー、広告代理店、群がる報道関係者。オーストラリアの西の果てフリーマントルは異常なまでに過熱し、ア杯の商業化がさらに顕在化した大会となった。

同じ時期、日本経済はバブル景気に突入しており、何人かのア杯に興味を持つ日本人が現地に行って日本のア杯挑戦の可能性を探っていた。一部の広告代理店や海外戦略を模索する企業幹部は、ア杯大会の商業価値に気付いていたのだった。

事実、大会終了直後、一人の日本人が次回挑戦の名乗りをあげた。三重県の伊勢地方で海洋型リゾートの開発をすすめていた小林正和だった。しかし、小林はヨットにかかわる何のキャリアもバックグラウンドも持っていなかった。ただ、自分の資金で挑戦できる稀有の人物であることだけは確かだった。ところが、残念なことに小林の挑戦はバブル景気の崩壊とともに消滅してしまった。こう見ると小林とオーストラリアのアラン・ボンドがどこか似てくるのだが、ボンドはア杯挑戦以前から外洋ヨット〈アポロ〉での実績を持っていたのである。

一方、日本外洋ヨット界の正統派を自任する日本外洋帆走協会（Nippon Ocean Racing Club：NORC）からも挑戦の意向が表明された。シンジケート代表はエスビー食品社長の山崎達光（現日本セーリング連盟名誉会長）だった。山崎は早稲田大学ヨット部出身、〈サンバード〉という名の外洋ヨットの持ち主で、国内外で数々の外洋レースに出場して輝かしい成果を残していた。

世界最古のスポーツトロフィー"America's Cup"への挑戦。どこか遠い世界だったアメリカズカップへの参戦が、いま現実のものになろうとしていた。日本人セーラーの血は騒いだ。

09 ヨットクラブ、彼我の差

すでに述べたように、アメリカズカップはヨットクラブが保持し、そのカップをめぐって、ヨットクラブが挑戦、防衛する。すなわち、ヨットクラブ間のゲームなのである。

1851年、イギリスのロイヤル・ヨット・スクォードロン（RYS）からアメリカのニューヨーク・ヨットクラブ（NYYC）に持ち去られた銀製の水差し“America's Cup”を獲得するために、世界のヨットクラブがその国の威信と海洋精神をかけて争ってきたのである。だからア杯参戦の大前提としてヨットクラブが存在しなければならない。

クラブの起源は、19世紀ヨーロッパを中心に、産業革命の結果、労働時間が減少して余暇を楽しむことができるようになった趣味や楽しみを共有する人たちの集まりだといわれている。社交・政治・経済・文芸・スポーツなどさまざまなクラブが形成されたのだが、クラブ活動を行うための場所や施設が必要になってくる。同好の士の集まりだから、他からの介入をよしとしない。すべてを会費で賄うことが基本であった。

ヨットクラブはヨットを係留するポンドと呼ばれる港とクラブハウスを中心にして、その他のサービス施設を必要とした。その取得費用や建設費などはすべて会員が負担したのである。当然、資金負担力のある会員が多くいるクラブが勢力を持つようになり、名門ヨットクラブの地位を確立してきたのである。クラブの運営はコモドアと呼ばれる会長が代表となり、会員から選出された理事会が行い、自主独立の精神が貫かれている。

ところが、日本には本当のクラブというものが存在しない。ゴルフクラブにしてもヨットクラブにしても、施設は営利会社のもの、会社に使用料を払ってその施設を利用している人たちの集合体がクラブだという形態がほとんどなのである。そこには本当の意味での自主独立は存在しない。

ヨットクラブに限って話をすすめると、日本の長い海岸線の自然条件がいい場所は、すべて国の補助金によって建設された漁港なのである。海には漁業権という不思議な強大な権利があって、漁業者が君臨している。

Fishery Rights？ 外国では理解されにくい言葉である。護岸工事、埋立工事、浚渫工事、すべて国土交通省の許可と巨額の漁業補償が必要になる。これではクラブが自前のヨットハーバーを所有することなど夢物語であって、自治体や営利企業が経営する施設に寄生せざるをえないのが日本のヨットクラブの現状なのである。

イギリス王室をメンバーに擁するRYS、ニューヨークのエスタブリッシュメントを中心とするNYYC、ヨーロッパの超金持ちたちが集まる地中海サルディニア島のコスタスメラルダ・ヨットクラブなど、いくつもの名門ヨットクラブがその歴史を刻んでいる。そして、自分たちの楽しみのほかにも、セーリングによる子どもたちの教育、環境問題への取り組み、地域社会への協力など、社会的にも存在感を高めている。

10 チャレンジへの支援

１９８８年夏、地中海の高級リゾート、サルディニアでは12メーター級ヨットの世界選手権が行われていた。その場所で、大会の取材に集まっていた記者団に対し、日本外洋帆走協会（ＮＯＲＣ）から次回ア杯への挑戦が発表された。

山崎達光（当時エスビー食品社長）をチェアマンとするシンジケートが結成され、「ニッポンチャレンジアメリカ杯１９９２」と名付けられた。

挑戦コンセプトは「日本人はエコノミックアニマルではない。夢と勇気を持った血のかよった人間なのだ」。バブル景気のさなか、世界の日本人観をただすことだった。そのために巨費と膨大なエネルギーを費やし、目指すものは１００ギニーのトロフィーただひとつ。

挑戦表明はしたものの、果たして資金は集まるのだろうか。山崎はのちになって、「ア杯挑戦はジェットコースターに乗っているようだった。至福のときと、苦しみのときの連続だった」と述懐している。

山崎は、船外機や舟艇の製造で日本のマリン業界をリードしていたヤマハ発動機の社長、江口秀人を訪ね、協力を要請した。江口もまた情熱の人だった。二人の手は固く結ばれた。エスビー食品とヤマハ発動機からの出資をシードマネーとして、活動は軌道に乗った。

1億円×30社。1業種1社。30億円の資金集めが開始された。「アメリカズカップ?」「ゴルフの大会?」。苦しいときが続いた。日本人にとってなじみの薄い、わかりにくいヨットレースへの協賛をプレゼンテーションしてお願いすることは、果てしのない労苦の道を行くことに似ていた。しかし、当時の日本企業には前進する活力と体力があった。徐々に賛同する企業が増えていった。自動車、建設、保険、証券、出版、小売、化学、鉄道、海運、航空、食品、飲料……など。スポンサー30社はまさに同じ夢を共有する異業種集団であり、強力なニッポンチャレンジの応援団と化したのだった。

アメリカズカップの獲得を目指して奮闘する山崎に、深い理解と強力な支援を示した二人の巨人がいた。山崎はこの二人からどれだけ支えられ、勇気づけられたことか。

一人は住友海上火災保険(現三井住友海上火災保険)の社長から会長を務めた故徳増須磨夫である。ア杯挑戦を表明し活動を開始した山崎にとって、それは十分わかっていたことなのだけれど、挑戦資金の調達は最初の、そして最後まで消えることのない大きな悩みの種であった。徳増は、ときにくじけそうになる山崎を励まし、第1号スポンサーの社長として、また財界の実力者としていくつものスポンサー獲得に奔走した。自らも生涯夢を抱きつづけた徳増にとって、日本のア杯挑戦は自分自身の血を沸き立たせる壮挙でもあったのである。

２０００年のオークランド大会。観戦艇から采配を手に陣羽織姿で日本艇を応援していた老経営者の姿が、いまも鮮烈である。２００８年9月10日、85歳で鬼籍の人となった。

もう一人は、いまもなおかくしゃくとしてトヨタ自動車の名誉会長を務める豊田章一郎である。長年トヨタ自動車の総帥として車で世界制覇を果たした章一郎にとって、空と海を制することもひとつの夢だった。地元でもある愛知県蒲郡の海で、ア杯獲得に向けて連日猛練習をつづけるニッポンチャレンジのクルーたちの姿が章一郎の夢と重なっていったとしても不思議ではない。いつしか、トヨタグループを中心に中部経済連合会が強力なサポートグループとして動きだしていた。

章一郎の夢は、トヨタブランドのボート生産、蒲郡市の東三河湾岸のマリーナ建設を中心としたリゾート開発などで具現化していった。また、蒲郡の開発地の一角に国際人育成を目指す全寮制の中高一貫教育校「海陽学園」を設立して自ら理事長を務めている。

章一郎は山崎の挑戦に深く心を寄せ、多忙をきわめるなか、自家用ジェット機でア杯挑戦の現場ニュージーランドのオークランドに飛んでニッポンチャレンジを応援したのだった。

11 ニッポンチャレンジ始動

世界最古のスポーツトロフィー、アメリカズカップ獲得を目指して、ニッポンチャレンジは動き出した。

しかし、何から手をつければいいのか、だれもわからない。はじめにアメリカからゲイリー・ジョブソン（現ＵＳセーリング連盟会長）がやってきた。ゲイリーはテッド・ターナーのクルーとしてアメリカズカップ・レースを経験したセーラーであり、ヨットレースの解説者としても著名である。ゲイリーから挑戦シンジケートの陣容、規模、機材、予算など総体的なレクチャーを受けて、ニッポンチャレンジはゆっくりと動きはじめた。

まず、練習の基地（ベースキャンプ）を造らなければならない。すべてが未知の世界であり、ゲイリーの手引きでニューヨーク・ヨットクラブの基地建設に豊富な経験を持つアーサー・ウォルシュレガーが来日して用地探しが始まった。広大な水際の土地、風と波の状況、水深、練習海面の確保、陸上のアクセス、地元の協力など、厳しい条件をクリアする場所はなかなか見つからなかった。はじめは、東京から近くマスコミの注目をひきやすい相模湾岸が候補地とされたが、条件を満たす空き地などあろうはずがなかった。

アーサーと一緒に東海道水際の旅が始まった。そして候補地として浮上したのが、愛知県三河湾に面した蒲郡の内港の一角だった。もともと蒲郡にはヤマハ発動機の造船所があって土地カンもあった。三河湾の自然条件も合格だった。愛知県、蒲郡市の協力を得て、ニッポンチャレンジ「蒲郡ベースキャンプ」が建設され、一躍マスコミの注目を集める場所となった。

練習艇はニュージーランドが1987年のフリーマントル大会で使用した12メーター級ヨット2隻を輸入して整備されていた。

クルーは、日本人セーラーでは体力が不足だったので、身長180センチ、体重75キロ以上を条件にセーリングの経験を問わず公募に踏み切った。いろいろなスポーツ経験者、職業経験者が応募してきた。その中から書類選考をパスした数十人の若者が集められ、厳しい体力テスト、適性チェックが行われた。基本的な運動能力テスト。重量物の吊り上げテスト。そしてグループに分けてバスケットボールのテストマッチを行い俊敏性、状況判断力、協調性、リーダーシップなどを観察した。ひとつの目標に向かって、こんなにも純粋になれる若者の姿が新鮮だった。そして、20数人がクルーとしてニッポンチャレンジのエンブレムをつけることが許されたのだった。

12 蒲郡ベースキャンプ

アメリカズカップ・レースは、最先端技術で設計・建造された高速ヨットを最高レベルの帆走技術で操船することが要求されている。

公募で選ばれた巨漢ぞろいの素人集団。彼らを短期間でア杯セーラーに育てなければならない。ヨットの練習は風と波を相手にどれだけ長い時間、水の上で過ごしたかで決まる。大学のヨット部が年間120〜150日練習するといわれているが、ニッポンチャレンジの練習は250日を超えた。しかも、アメリカやニュージーランドからやってきた優秀なコーチングスタッフ、機材、装備、住居と食事、練習環境と内容は格段に優れていた。はじめは、ワンマンディンギーでセーリングの基礎を学び、次に23フィート、30フィートのキールボートとステップアップしていった。

もともと体力と運動能力抜群の素人集団は、めきめきと腕を上げ、日に日にセーラーらしい顔つきに変わっていった。クルーの体脂肪率は15〜18%。トップレベルのアスリートの体脂肪率は1桁なのだが、長時間海上で過ごすスタミナを保持するためには、やや多めの脂肪を必要とするのである。

広大な土地と水面を占有するベースキャンプには、12メーター級のヨットが格納される巨大な艇庫、セールを製作、補修するテニスコート大のセールロフト、トレーニング機器が完備されたジム、機械工場、部品庫、食堂、事務所……等々が整然と配置されていた。また、舟艇を係留する浮桟橋、大型のクレーン、フォークリフトなどがあって、小規模の造船所の機能を有していた。ベースキャンプの入り口には巨大なスポンサーボードが立てられ、各社の社名が掲出された。さらに、30本のフラッグポールには国旗、蒲郡市旗、チーム旗とともに各スポンサーの社旗がへんぽんと翻っていた。

ベースキャンプが完成し、クルー、スタッフは蒲郡市内に居住するようになった。当時スタッフの一員だった筆者は、適当な不動産屋を軒並み歩いてアパートを借りまくった。「ニッポンチャレンジ？」「お宅、海関係の会社？」。不動産屋のおやじの不審の眼差しが強烈だったのを覚えている。

蒲郡市民は、突然出現したベースキャンプとクルー集団、取材に押し寄せるプレス関係者にはじめは驚きと戸惑いを示していたが、連日のマスコミの報道により理解が深まり、クルーはスターのような扱いを受けるようになった。

また、蒲郡市議会も、アメリカ杯蒲郡基地協力会の設置を決議し、官民一体の協力体制が確立されたのであった。

いまJR蒲郡駅の南口を出ると、目の前に巨大なヨットが現れる。はじめて日本の技術で開発・建造したアメリカズカップボート1号艇である。観光とヨットをはじめとするマリンスポーツを市の重点施策とする蒲郡市の心意気が感じられるモニュメントである。

13 IACC

ここでア杯レースの仕組みを紹介しておくと、レースは1対1のマッチレースであること。レースの行われる時期と場所、使用するヨットは、防衛側主体のアメリカズカップ委員会が決める。これらに対して挑戦側の意向はあまり考慮されない。

日本初挑戦の1992年大会は、1~5月にカリフォルニア・サンディエゴ沖でレースを行うこと、ヨットはインターナショナル・アメリカズカップ・クラス（IACC）がはじめて使用されることが決められた。

ヨットは自国設計、自国建造がルールであり、各チームの技術陣によるIACCの開発、設計競争が一斉に開始された。IACCは水線長、帆面積、排水量を一定の公式に当てはめて計算し、その答えが24メーター以内でなければならない。

ニッポンチャレンジのヨットは、野本謙作大阪大学名誉教授を中心に数人の新進デザイナーによって開発・設計がすすめられた。まずコンピュータ上で100を超す船型を探り出す、その中

武村洋一×山崎達光

から計算によっていいものを10ほど抽出して5分の1のモデルを造り水槽実験を行い、最終的には2隻だけが実艇となって水に浮かぶのである。三井造船昭島研究所の水槽は全長220メートル、日本では屈指の実験水槽なのだが、アメリカ航空宇宙局（NASA）の水槽は2キロとも4キロとも聞いたことがある。

全長約24メートル、最大幅5メートル、マストの長さは35メートル、喫水4メートル、重量約20トン。以上がおおよそのIACCの全貌で、この巨大ヨットを16人のクルーが操船するのである。

ニッポン艇のスキッパー・ヘルムスは、2年前から日本に居住して国籍条項をクリアしたニュージーランドの天才セーラー、クリス・ディクソンに決まった。数回の海外遠征、マッチレースへの参戦で実戦練習を重ねたニッポンチームは、戦う集団へと変貌していった。

14 初めての挑戦

1992年アメリカ・カリフォルニア州のサンディエゴ。第28回アメリカズカップのチャレンジャーシリーズにはイタリア、フランス、スペイン（初）、スウェーデン、オーストラリア×2、ニュージーランド、日本（初）の7カ国8チームがエントリーしていた。この挑戦艇決定シリーズはルイ・ヴィトン社が協賛をしていてルイ・ヴィトン カップ（LVC）と呼ばれた。防衛クラブはサンディエゴ・ヨットクラブ（SDYC）だが、このLVCのホストクラブはすぐ隣のサウスウェスタン・ヨットクラブだった。LVCを勝ち抜かなければSDYCに挑戦することはできない。いよいよ8チームによる長いシリーズが始まった。

1992年1月25日LVC初日、ニッポンが夢にまで見たア杯の世界に第一歩を踏み出した歴史的な日となった。ニッポンはスウェーデンを相手に、この日行われた4レースの中で最も速いタイムで快勝し、堂々の初陣を飾った。

その夜、サンディエゴの「すし太田」では山崎夫妻、木村太郎夫妻らが席についてささやかな祝宴を開いていた。ところが、乾杯の後しばらくして山崎が椅子に座ったまま眠ってしまった。かつて宴席で山崎のこんな姿を見たことはなかった。激動の4年間、初戦を迎えた緊張と不安。シンジケートボスとして一身に背負ってきた重圧。この日の1勝がすべてを解きほぐしてくれたのだろう。おだやかな山崎の寝顔であった。

クリス・ディクソンと日本人クルーは快進撃を続け、3回の総当たり戦（ラウンドロビン）を終えて単独首位、イタリア、フランス、ニュージーランドとともに準決勝に駒をすすめた。まさに快挙であった。

しかし、準決勝までの10日間のオフで、ニッポン以外の3チームは、ヨットもクルーも劇的に変化していた。艤装、帆装は細部にいたるまで再点検、チューンナップされ、一段とスピードを増していた。クルーの意識もさらに高まり、目の色が変わってきた。初出場ニッポンは健闘したもののフランスとともに3勝6敗。チャレンジャーシリーズの決勝進出はならなかった。

準決勝の最終戦、ニッポンはフランスに先行して静かにフィニッシュラインを切った。艇長のクリス・ディクソンは“Thank you everybody. Spinnaker change please!”と最後の指令を発した。ニッポン艇のマストには「SAYONARA」のスピネーカーが翻り、観衆とレースコミッティーそしてサンディエゴの海に、万感の思いをこめて別れを告げたのだった。１９９２年４月9日の夕暮れだった。

15 グッドルーザー

ときとして、勝者よりもグッドルーザー（よき敗者）が高く評価されるのがアメリカズカップの世界である。準決勝第6日。ニッポン対イタリア戦のスタート前、強烈な横波のショックでニッポン艇のブーム（帆桁）が折れてしまった。だれもがレースを棄権すると思った。しかし、ニッポンは折れたブームを海中に投棄し（追尾していたサポートボートが回収）、高度な操船術と驚異的なねばりでレースを完走した。

「ニッポンはブームとイタリア戦を失い、決勝進出もならなかった。しかし、そのシーマンシップは見る人の心をとらえた」。翌日の現地新聞の論調であった。

勝敗の結果よりも、そのチームの挑戦コンセプトや姿勢、戦い方が重くとりあげられてマスコミの論調が形成されることがある。だから、首脳陣、スキッパー、広報担当者の発言はとても重要になってくる。基本的にはその挑戦の根底に果敢な海洋精神、海と対戦相手に対する尊敬の念が存在しているかどうかなのである。

ともあれ、ニッポンのア杯初挑戦は成功だったといえる。チャレンジャーシリーズ4位という成績はともかく、日本国内でこんなにも多く映像や紙面でヨットレースが扱われたことはなかった。そこには連日のレースの状況に加えて、日本の海洋工学技術やヨットに使われる新素材、クルーの活躍とチームワーク、激しい海上のバトル、そしてアメリカズカップの歴史やスケールの大きさなどが報道され、見る人の目をとかく忘れがちだった海へ向けさせたのだった。

チャレンジャーシリーズ決勝。ニュージーランドに対して4回のマッチポイントをしのいで奇跡的な勝利をおさめたイタリアが、ア杯挑戦の権利を得た。そして1月から延々と行われてきた1992年シリーズの決着は、サンディエゴ・ヨットクラブ（SDYC）がイタリアの挑戦を4勝1敗で退けてカップを守りきった。季節は緑鮮やかな5月になっていた。

このときのSDYCの防衛艇はアメリカキューブというシンジケートの所属で、ディフェンダーシリーズでデニス・コナーを破ったビル・コークが率いていた。コークはデニスやニュージーランドのラッセル・クーツのようにオリンピックのメダリストでもディンギーのクラスチャンピオンでもなかった。1984年のSORC（サザン・オーシャン・レーシング・カンファレンス）がヨットレース初体験のアマチュアセーラーだった。

マサチューセッツ工科大学（MIT）出身、化学系の博士号を持つコークは、ヨットもヨットレースも科学であると公言してはばからなかった。スターは不要、クルーワークの基本はチームワーク。科学的な操船と戦術が勝利に直結することを実践してア杯の歴史に名を残した。

16 失敗した2回目の挑戦

1995年、ニッポンチャレンジの連続2回目の挑戦。7隻の挑戦艇による4回のラウンドロビン（総当たり戦）の結果は11勝13敗、ギリギリ4位で準決勝に進出したものの、準決勝では11連敗、1勝もできずに敗退した。

強力なリーダーシップと天才的なひらめきでチームを引っぱってきたクリス・ディクソンが去り、そのあとを埋めるスキッパーの不在。船型と艤装のアンバランス。バブル経済の崩壊による資金不足。いろいろな理由からニッポンの2回目の挑戦は失敗だったといえる。

この大会のほぼ1年前、1994年5月23日の朝日・毎日・読売各新聞の夕刊に見開き2ページで、ア杯ヨットが疾走する写真とともに「宣言。カップはニッポンがいただきます」というキャッチコピーが躍った。スポンサー獲得のためのPRとしての窮余の一策だったのだろうが、ここまで言ってはいけない、という感があったことは否めない。海、ヨットレース、アメリカ杯の精神を十分に理解しない広告代理店の勇み足、それをチェックできなかった広報担当のあやまちだったといえるだろう。アメリカズカップのコミュニティーが最も大切にする海洋精神と謙虚さの不在が一部で指摘された。

レースの成績とは別に、ニッポンチャレンジ2回目の挑戦がなにか後味の悪いものになってしまったのは、この慣れと焦り、そしておごりが起因していたのかもしれない。

日本人セーラーのリーダー南波誠がセーリングチームの顔として、スキッパー（艇長）でもない、ヘルムスマン（舵手）でもない、チームキャプテンというなんともあいまいなポジションに就任した。当然、プレスの取材が南波に集中する。毎レース後、ベースキャンプのゲートのあたりで、ときには涙とともにプレスの取材に誠実に対応していた南波誠の姿が印象的だった。

内容の差はあったものの、ニッポンチャレンジのア杯挑戦は1992年、1995年ともに挑戦艇決定シリーズの準決勝まで進出して終わった。

次は？　マスコミも関係者も固唾を呑んで山崎の決断を見守った。山崎は苦悩していた。過去2回の挑戦で組織運営のノウハウが蓄積されて展望はあった。しかし、バブル経済が崩壊し、胸中にひろがる資金面での不安を山崎はどうしても払拭することができなかった。

3回目の挑戦を決められないまま、支援企業への報告とお詫びの行脚が続いた。どこも「ご苦労さま、お疲れさま」というねぎらいの言葉はあっても、次の支援については消極的だった。

ここでやめてしまったら何が残るのだろう。10年にわたる激動の日々。あのとき抱いた夢も誇りも消し飛んでしまうではないか。日本国内にやっと芽生えはじめた海への関心も、ひとときの話題で終わってしまうのか。

苦しみの末、山崎の胸中に「クソ！　ここでやめられるか」という不思議な力がわきあがってきた。

１９９５年10月、記者団に次回ア杯挑戦を発表する山崎に、もう迷いはなかった。

17 3回目の決心

ニッポンも3回目の挑戦になると、お客さまではいられなくなった。一本筋の通った挑戦の姿勢が求められた。

セーリングチームの中心には、世界マッチレース・シリーズの上位ランカーで前回のコーチ、ピーター・ギルモアがオーストラリアから来日して「私が日本人になる」と意気込みを示した。クルーも経験を重ねて、大きく逞しく成長していた。

ヨット（IACC）は1992年以来すでに第3世代に突入していて、残されたわずかな、頂点の部分での開発競争が求められていた。東京大学船舶海洋工学の宮田秀明教授が自ら主宰する教室の助手、大学院生を率い、IACCの設計を通して「技術の文化を育てる」取り組みを開始した。

ヨットの建造も、造船所に発注することをやめて自分たちの手で造ろうとメンバーを公募したところ、造船技術でア杯に挑戦したいという若者がおおぜい集まり、石川島播磨重工業横浜工場の一隅を借りて渾身の船造りが始まった。巨大なモールドに炭素繊維を積層する。研磨する。ときにはセーリングチームからクルーも参加して自分たちの船を磨いた。夢と魂のこもった2隻のヨットが完成した。〈阿修羅〉と〈韋駄天〉と名付けられた。

ここでヨットの材料について触れておくと、船体の素材は軽い、硬いことが基本的な条件である。成形しやすいことも大事な条件のひとつになる。鉄筋で船の形を造って、両面にコンクリートを貼り付けるコンクリートヨットは、安価で造りやすい点で珍しくはないが、重量の点でいい素材とはいえない。かつて、自作のコンクリートヨットを駆って世界一周をした家族がいた。そのヨットはつい最近まで蒲郡市に展示されていたが、老朽化して危険なので撤去されてしまった。毎年5月に行われるヨットレース「エリカカップ」にその名と記憶が残されている。

昔はほとんどが木製だった。船大工の作品である。軽くて硬い点ではまあまあなのだが、工賃を含めた価格が高いのが欠点だった。

ヨットの大衆化を実現したのが強化プラスティックの登場である。FRPと呼ばれる。ガラス繊維を熱硬化性プラスティック（ポリエステル、エポキシなど）で固めたものが一般的であり、いま市場のほとんどのヨット、ボートはFRP製である。

炭素繊維（カーボンファイバー）は軽くて硬い、最も優れた材料なのだが、価格が高い。ゴルフシャフト、釣竿、F1カー、航空機の一部などに使われているが、価格を問わないア杯ボートももちろん炭素繊維製である。

ちなみに、筆者がヨットをはじめた60年前は、石油化学製品が出現する以前のことで、すべてが自然の産物だった。ヨットは木造、水が浸みこまないように表面にはペンキを塗った。毎年シーズンのはじめには前年のペンキをはがし、パテ詰め、サンドペーパーで磨いたあとペンキを塗った。各大学のスクールカラーを塗ったので、どこの学校の船か色で識別できた。セールは木綿（帆布）、エジプト綿が最高だと聞いていたが、木綿だから濡れると収縮する。理想の形状を保つどころではなかった。ロープは木綿か麻。使ったら毎回水洗いをして干さなければならなかった。

化学繊維がないのだから、着るものは綿か毛。当時のヨットは沈をすると自力で起こして再帆走することができなかったので、11～3月はオフシーズンで海には出なかった。11月の寒い日に沈をして水に浸かったまま漂流し、寒さのあとで気持ちがよくなり眠気を覚えたことがある。

ついでに書くと、防水の時計がなかった。水を一回かぶったら分解修理何百円。知恵者がコンドームに時計を入れて腕に巻いた。カンペキだった。合宿ではコンドーム係がいて毎朝配っていた。そんな時代だった。

ニッポンチャレンジの資金は相変わらず苦戦の連続だったが、過去2回のア杯参戦により徐々に認知度が高まってきた。そんなときに外資系無店舗販売会社ニュースキン ジャパンからの大口協賛の獲得に成功。また、不特定多数の企業に対する「同じ夢を見ましょう」の呼びかけが実を結び、資金活動にも活力が見られるようになっていった。

すべての面に過去2回の経験が生きていた。シンジケートの全員がひとつの目標に向かって機能していた。

18 確かな手ごたえ

第30回大会は1999年の10月18日、南半球ニュージーランドのオークランドで火ぶたが切られた。カップホルダー、ニュージーランドのロイヤル・ニュージーランド・ヨット・スクォードロンに挑戦するチームを決めるチャレンジャーシリーズには、イタリア、アメリカ×5、フランス、スペイン、オーストラリア、スイス、日本と、7カ国11チームが出揃った。

まず総当たり戦（ラウンドロビン：RR）が3回、RR1は1勝が1点、RR2は4点、RR3は9点で、前半負けていても、誰にでも逆転のチャンスがあるしくみになっていた。最後まで興味をつなぎ、観る人とスポンサーへの配慮がなされていた。

ニッポンは30レースを戦い、6勝、6勝、8勝と順調に得点をのばし、イタリア（プラダチャレンジ）に次いで2位、準決勝に駒をすすめた。

アメリカ杯では、レースごとにヨットを進化させ、スピードを上げていかなければ生き残ることはできない。ドックに戻ると一人ひとりのクルーが改良点を提案し、全員で議論し、技術陣が徹夜でそれを実行するのだった。戦う全員が常に冒険心をもち、創造的でなければならなかった。だからヨットは日に日に進化し、スピードを増していった。

また、船体のトラブル個所を未然に発見し、修復するのも毎日の欠かすことのできない作業だった。にわかには信じられないことなのだが、船体全体に光ファイバーをはりめぐらせ、ニュージーランドの海で走っているヨットの状態が東京でわかるということだった。

高速ヨットの開発、設計、テスト、改良、修復、すべてにわたってハイテクノロジーが機能し、勝利に貢献していたのだった。

準決勝は、アメリカ勢が3チーム、イタリア、ニッポン、フランスの6チームでRRが2回、それぞれが10レースを戦って決勝を目指した。２０００年1月2日から14日まで、途中2日が強風でノーレースとなったが、総じて中風から強風の中で死闘が展開された。マストの折損はおろか、波のショックで船体が中央から二つに折れて海中に飛び込むクルーたちをレスキューする場面もあった。

アメリカ・ワン（アメリカ）が8勝2敗、プラダ（イタリア）が7勝3敗で決勝進出。決勝ではプラダが3勝3敗ののち2連勝して挑戦権を獲得した。

ニッポンは4勝6敗で4位、またも準決勝で敗退したが、過去2回と違って、確かな、充実した戦いの実感は残った。

19 躍動した大会

2000年のオークランド大会は、ニュージーランドの強さが際立った大会だった。前回1995年のサンディエゴ大会からア杯本戦無敗。10連勝を果たしてカップを守りきった。

1999年の10月から5カ月にわたって熱戦を展開していたチャレンジャーシリーズを横目に黙々と練習を続けていた2隻のブラックボートには無言の不気味さが感じられたが、ここまで強いとは予想できなかった。スキッパーはオリンピック・フィンクラスの金メダリスト、ラッセル・クーツ。クルーも最強のキーウィ軍団で編成されていた。チームにもクーツ自身にも本戦10連勝がかかっていた大事な第5戦、舵を若手のディーン・バーカーに任せて勇気とチームの未来を表した。

ニッポンを含むチャレンジャーもレベルの高い優れた挑戦者たちだったが、チーム・ニュージーランドはさらに独創的であり、意欲的だった。畏敬に値する海の戦士たちだった。

各チームのボートも極限での開発が加えられ進化していた。セーラーたちも最高度の技術を駆使してエキサイティングなレースが展開された。ひとつのミスや小さな部品トラブルが勝敗を決する場面が頻繁に見られた。

また、連日千余の観戦艇が海面を埋め尽くし、港には何万の観衆が大スクリーンに映しだされる戦況に一喜一憂していた。そう、彼らこそ大会を盛り上げた主役であり、ニュージーランド北島のオークランドこそア杯にとって最もふさわしい戦いの舞台だった。

ニュージーランド。日本の四国を除いた面積とほぼ同じ、人口400万余、羊の数がその10倍という南半球の小国で、さしたる工業もない豊かな自然の国。世界的にもヨットとラグビーのレベルは際立っている。

かつて海を渡ってきた勇敢なマオリ族と人類初のエベレスト登頂を果たした故エドモンド・ヒラリー卿がこの国の英雄であるように、冒険心がニュージーランド人の精神的支柱になっていることを強く感じるのである。2008年88歳で亡くなったヒラリー卿の遺灰は、世界のセーラーがア杯を目指して死闘を展開したハウラキ湾に撒かれたのだった。

アメリカズカップが、最先端技術で開発、建造された高速ヨットで、最高レベルの帆走技術によるマッチレースであることを実証したのが2000年のオークランド大会であり、海とヨットとセーラーとそれらをつつみこむ自然環境と人々の心が美しく調和し、躍動した大会だった。

20 挑戦の停滞

連続3回、日本のア杯挑戦はいずれも挑戦艇決定シリーズのセミファイナルで敗退したが、さまざまな効果と遺産を残したのだった。

ひとつは映像と紙誌面によって大々的に報道され、いままでなじみが薄かったヨットレースが人々に知られるようになったこと。ヨットレースのわかりにくさはあったものの、ヨットの設計・建造のハイテクノロジーの世界、大型ヨットの帆走の圧倒感、クルーワークの迫力、ア杯の歴史や尊厳などを通じて人々の目を海に向けさせたことだった。

また、大型ヨットの開発に関しては船型、艤装、素材などの技術的な蓄積ができたこと。操船面ではおおぜいの優秀な大型クルーが育ったことだった。そして、彼らはその後もいろいろなヨットに乗り込み、抜群の体力とセーリングスキルで日本の外洋ヨット界のレベルアップに貢献している。

しかし、2000年のオークランド大会を最後に日本のアメリカズカップへの挑戦活動は停滞してしまった。いまも挑戦の遺産は生き続けてはいるけれど、活動をやめてしまってはその遺産も徐々に鮮度を失い、やがてはすべてが歴史のなかのひとこまとして埋もれてしまうだろう。

ア杯挑戦断念の理由のひとつが資金難だという。たしかにア杯キャンペーンそのものが巨大化し、さらに商業化してしまった。

日本にはアメリカやヨーロッパに見られるような富豪がいないといわれる。いたとしても個人でヨットレースに何億ものお金を遣う人は見当たらない。海やヨットレースへの理解度と個人資産への税制の差だという。

企業はまず費用対効果を考える。担当部長に海の雄大さ、ヨットの爽快さ、アメリカズカップの尊厳やスケールの大きさを説明しても「それで、どのくらいの露出があるの?」で止まってしまう。広告代理店も企業の担当者も、野球、サッカー、ゴルフ、テニスやバレーボールなど費用対効果がわかりやすいスポーツに傾倒してしまうのはしかたのないことなのだろうか。

たしかに、ヨットレースそのものが生放送に向いていないところがある。天候や風の吹きぐあいで予定時刻に行われないことのほうが多い。カメラも波しぶきを浴びながらボートで追いかける、ヘリコプターで空撮する。スタジアムでの定点撮影に比べると桁違いのコストがかかってしまう。

なんとも残念ではあるけれど、スポンサーを獲得するためには二重三重のハードルを越えなければならない。

ここで、ヨットというスポーツをはじめから問い直してみる必要がありそうだ。ＩＯＣの要職にあったクーベルタン男爵の提唱により第１回近代オリンピックがギリシャで開催されたのは１８９６年だった。競技種目は、陸上、競泳、体操、ウェイトリフティング、レスリング、フェンシング、射撃、自転車、テニスだった。走る、泳ぐなどの人間の基本動作に加えて主として闘争種目をみることができるのだが、実は、ヨット競技も予定されていて天候の不順で行われなかったという、かくれた事実がある。

ヨットレースそのものはアメリカズカップのようにそれ以前から行われていて、特にヨーロッパでは王侯貴族が好んだロイヤルスポーツとしての地歩を固めていた。スポーツをメジャー、マイナーと分けるけれど、ヨットはまさにメジャースポーツだったのである。スポーツの商業化がすすみ、いまや商品価値が希薄なヨットはマイナースポーツに区分けされてしまったが、海に対する積極性と敬虔な姿勢を基盤とする崇高なスポーツであることには変わりがない。

企業はそこに気付かなければいけない。ヨットレースを支援することは冒険心の旺盛な知的レベルの高い企業のメセナ（文化・芸術活動に対する企業の支援）でもあり、ＣＳＲ（企業の社会的責任）の一環でもあると考えていただけないものだろうか。

21 新しいア杯

直近の第33回アメリカズカップは２０１０年の２月にスペインのバレンシアで行われた。防衛チームはスイスのチーム・アリンギ、挑戦者はアメリカのＢＭＷオラクルレーシング。アメリカが２対０で勝利し、カップを獲得した。だからいま“The Cup”はサンフランシスコのゴールデンゲート・ヨットクラブが保持している。

実は、この大会は二人の超金持ちによる数々のもめごと（裁判）と話題を提供して行われた大会であった。アリンギのボス、エルネスト・ベルタレッリとオラクルのオーナー、ラリー・エリソンがその当事者であり、両者ともに世界の長者番付に名をつらねる超金持ちなのである。

基本的な構図をわかりやすく、多少興味本位に解説すると、アリンギのエルネスト・ベルタレッリがカップを取られないために、大会の時期、場所、ヨットを自分たちに有利なように決めようとしたところからもめだしたのである。ベルタレッリはレマン湖のカタマラン（双胴艇）のチャンピオンとして知られていた。軽風が得意だった。そんな、まったく個人的な理由でヨットや場

武村洋一×山崎達光

所を決めようとしていた。一方ア杯にはディード・オブ・ギフトという、いわば憲法があって、レースの基本的な条件が定められている。そこから、スイスとアメリカの法廷闘争が延々とつづけられたのであった。結局スイス側の言い分はほとんど退けられ、スペインのバレンシアでレースが行われたのだけれど、それはスイスのカタマランとアメリカのトリマラン（三胴艇）が対決するという、まったくマッチレースの本質からかけ離れたミスマッチになってしまった。

勝ったBMWオラクルレーシングのラリー・エリソンは「ミスマッチになることはわかっていた。しかし、ベルタレッツリからカップを取り上げるためにあえて超高速トリマランで挑戦した」と語っている。

次回は健全なスポーツイベントとしてのア杯大会が期待できそうである。

健全なスポーツの基本とは、普遍と公平である。資格を満たしているヨットクラブがそれなりの準備と決心をすれば、だれでも参戦できるア杯レースでなければならない。

ヨットもモノハル（単胴艇）が普遍的である。ところが、ア杯関係者の中には、特に技術者がそうなのだが、最先端技術により開発された帆走の最高スピードで、最高レベルの操船技術（プロセーラー）によって争われるマッチレースにこだわる傾向がある。

わかりやすくいえば、大きいセールで抵抗の小さい船体のほうが速い。となると、マルチハル（カタマラン、トリマラン）になってしまう。しかも、マッチレースはインショアレース（沿岸レース）であって、サポートボートがついているのだから、外洋ヨットのような耐航性は必要ないという考えが支配的である。

ニッポンチャレンジが参戦したときのヨットはモノハルのＩＡＣＣ（インターナショナル・アメリカズカップ・クラス）だったが、風速が20ノット（約10メートル／秒）を超えるとレースは行われなかったし、レースの途中で風が強くなってきて船体が破損したりマストが折れるシーンがたびたび見られた。子どもたちの１人乗りのヨットＯＰ級（オプティミストディンギー）の世界選手権では風速が30ノットを超えると出艇待機の信号が揚がり、強風の得意なジュニアセーラーたちは陸上で切歯扼腕していたのを見たことがある。

２０１３年の次回第34回大会はＡＣ72というフォーミュラークラスのカタマランで戦うことが決まっているのだが、その前に２０１１年６月から２０１２年３月まで、ウイングセールのワンデザイン艇ＡＣ45（カタマラン）を使い、世界各地で予選が行われることになって、すでにポルトガル、イギリス、アメリカで熱戦が展開された。ウイングセールという帆は、飛行機の翼を縦に取り付けたようなもので、柔らかいセールのように簡単に揚げたり降ろしたりすることができず、扱いがやっかいなしろものである。

当面アメリカズカップはこのような流れですすんでいる。これが普遍的で公平なア杯レースなのかどうかは、その後の評価に任せるしかない。

22 挑戦の本質

日本のア杯挑戦に話をもどすと、日本はこの10年間、3回のア杯大会を見送ってしまった。高速大型ヨットの開発技術、新素材を含む建造技術、操船スキル、それらの蓄積が時間の経過とともに鮮度を失い、挑戦の事実そのものが単なる歴史上の出来事として埋没しかかっている。

挑戦見送りの理由が資金難だという。たしかにア杯挑戦には莫大な費用とエネルギーを必要とするけれど、その前にア杯挑戦の本質について考えてみる必要がある。

世界最古のスポーツトロフィー“America's Cup”の歴史は、1851年（嘉永4）まで遡らなければばならない。ロンドンの第1回万国博覧会を記念して行われたワイト島1周ヨットレースに、当時の新興国アメリカからただ1隻参加した〈アメリカ〉号が圧勝してトロフィーを獲得したことからア杯の歴史は始まったのである。

当時の外洋航行は、まだ帆走に頼っていた。そもそも帆走という行為は、人間が水上を移動したり物を運ぶために風という自然現象を利用したところから発している。長い年月をかけて船体と艤装・帆装が改良され、安全に、速く、しかも大量に物を海上輸送することができる帆船が出現した。1851年のワイト島1周ヨットレースも、当時の高速帆船品評会だったといわれている。

外洋航行能力は国力であり、帆船による海外雄図《ゆうと》、領土の拡大、交易は国力と国益に直結していた。風や波という、人間の力では抗しきれない自然現象に対峙するためには卓越した技術と精神力が要求された。それが海洋精神であり、シーマンシップとして称揚されてきたのである。イギリスをはじめヨーロッパの多くの海洋国家では、造船と航海術が急速に進歩していた。ヨットもヨットレースもその延長線上にあることはまちがいなかった。では、日本はどうだったのであろうか。そこに日本のア杯挑戦を考えるカギが潜んでいるのかもしれない。

日本のセーリングスポーツは、帆船の歴史に根づいたものではなかった。日本の帆船と帆走の歴史は、鎖国と徹底した造船規制という特異な状況下でひとつの文化を形成したけれど、帆走技術も性能的にも世界に大きく遅れてしまい、スポーツにまで発展することはなかった。

競技スポーツとして活発になったのは、1930年代に大学のヨット部が次々に設立されてからで、大学の全日本選手権レースは2010年で75回を数えている。

オリンピックには戦前1936年のベルリン大会に2クラス3人の選手を送り、戦後は1952年のヘルシンキ大会以後、1968年のメキシコ大会と、ボイコットした1980年のモスクワ大会を除いて毎回参加している。獲得したメダルは銀・銅各1個で、種目によっては世界レベルに達したようにみられるが、根本的な海に対する思考が未熟であり、ア杯挑戦の価値と挑戦見送りの損失の大きさにおいてヨット先進国とは差があることは否定できない。

23 鎖国と日本の外洋航海

日本の外洋航海の歴史を見るときに、どうしても鎖国という問題に突き当たってしまう。鎖国は、17世紀から19世紀の半ばまで約250年間、徳川幕府が施行した外国との往来と交易を禁じた国法である。関連して造船面でも、一艢一帆（1本マスト、帆は1枚）であること、竜骨、肋材はなし、という制限を定めてしまった。いずれも外洋帆船にとっては致命的な枷《かせ》となる法律であった。

外洋帆船は複数のマストに多数のセールを持ち、展開するセールの枚数を加減することで風の強弱に対応しやすくしている。また竜骨（キール）と肋材（骨）は堅牢な船体を構成し、特にキールは舵や錘という付属物（アペンデージ）の取り付けを容易にして保針性能を高めている。

シーウォージネス（seaworthiness）という言葉がある。風や波、あらゆる自然現象、航行条件に強いことであり、耐航性とも訳される。海の上では船も人もタフでなければ生き残れない。鎖国と造船規制政策は、日本の外洋航海能力をいちじるしく遅滞させてしまった。

そんな中でも、当時の身分階級でいちばん下とされていた商人だけは海に出た。欲とみちづれではあったが、海に出ることを怖れなかった。産地から消費地へ物を運ぶことで利が得られた。冒険心の旺盛な商人たちは沿岸航海によって富を築いていった。大阪から北陸や東北や北海道へ物資輸送をした西航路の北前船、関西から江戸へ東航路を航行した菱垣廻船、灘で造られた新酒を誰よりも早く江戸へ運んだ樽廻船など、活発な海上輸送が行われていた。

この樽廻船の新酒搬送競争は、世界でも稀有な帆走レースといえる。毎年兵庫県西宮をスタートし、東京湾にフィニッシュするという、けっこうな長距離外洋レース（走行距離約360マイル）なのである。この場合のマイルは海のマイル（海里）で、1マイル＝約1・852キロ。防腐剤も保存設備もない当時、船乗りたちにとって、灘で造られたその年の新酒を消費地である江戸へ、だれよりも早く運ぶことが名誉であり、高収益の手段であった。

その日の西宮の浜は、羽織袴に威儀を正した廻船問屋の主人たち、造り酒屋の旦那衆、船頭、水主たちの家族などが集まり、たいへんな盛況であったという。すでに樽廻船は舳をならべて沖合いに錨泊している。浜では合図とともに渡された手形を手にした若者がいっせいに波打ち際の足舟に疾走する。足舟はかけ声も勇ましく沖の本船に漕ぎよせる。手形を受け取った本船はすかさず帆を揚げ、錨を抜いて出航する、というのがこのレースのスタート風景であったという。

最高記録は3日だそうで、これはデイラン（24時間で走った距離）120マイル（220キロ）を超す好記録といえる。

西回りも東航路も、沿岸とはいえ嵐を免れることはできなかった。船頭、水主たちはなすすべもなく、髷を切り神仏に祈った。あげく積み荷を捨て帆柱を倒して漂流したのだった。そんな時代に、ヨーロッパの海洋国は、極度に発達した帆船と航海術で世界の海に雄飛し国力を伸ばしていったのであった。

24 海洋国なのか

ところで、日本はほんとうに海国日本なのだろうか。日本人はほんとうに海が好きなのだろうか。昔から観光旅行を物見遊山といい、山はあっても海には目を向けていない。夏休み、みんな楽しい海水浴は明治以後に欧米の習慣が根付いたものだが、とても海の本質に触れた行動とはいいにくい。

外洋航行船としてははなはだしく不便な危険な船ではあったけれど、高田屋嘉兵衛も銭屋五兵衛も果敢に海に出た。航海は莫大な富をもたらしてくれた。鎖国というご禁制を破っても、外国との抜け荷はさらに魅力的な取引であった。しかし、彼らの行動は日本人全体を海に駆り立てる起爆剤にはならなかった。あまりにもハイリスクなビジネスであり、多くは田畑を耕すことで圧政と貧困に耐えるしかなかった。

イギリスの紅茶王トーマス・リプトンは「海が私に富をもたらしてくれた」と海に感謝している。事業拡大の手段ではあったけれど、海洋民族の誇りと海に対する憧憬と畏敬の気持ちが彼を海に向けさせたのだった。だからリプトンにとって“The Cup”がアメリカに渡ってしまったことが我慢ならなかったのだ。

巨額の費用と膨大なエネルギーの対価として得るものは銀製のトロフィーただひとつ。それでもなお、人々をア杯に駆り立てるものは何なのだろう。

ア杯への挑戦は、単にスポーツイベントへの参加という域を超えた、その国の、その民族の、海に対する積極性と敬虔な志向とを基盤とした知的文化の表現なのだ。

子どもたちが海を前にして、「大きいなあ！　いつかはこの海を渡って遠くまで行ってみたいなあ！」と考えるのは至極当然であり、自然なのである。子どもたちは生来あふれるような好奇心と冒険心を持っているのである。

ところが、大人たちは、危ない、汚い、お行儀が悪い、といって子どもたちの好奇心や冒険心の芽を摘んでしまってはいないだろうか。

ずいぶん前に神奈川県三浦市の市長が「毎年夏休みに三浦市の子どもたちと長野県の子どもたちの交歓体験合宿をしているのですが、海で泳がせると圧倒的に山の子どもたちのほうが泳ぎが上手なのです。なんでこうなってしまったのでしょうか」と嘆いておられた。

三浦半島の観音埼から岸沿いに東京湾を北上していく。自然の海岸は走水《はしりみず》あたりで終わってしまい、あとはすべてが人工の護岸である。東京湾の西岸には1メートルたりとも自然の浜も磯もない。

三浦市の海岸も子どもたちが安心して泳げる浜が少なくなってしまったのにちがいない。自然が減少し、人間はますます海から遠ざかってしまった。海で遊び、海を思うことをしなくなってしまった。

元来、海は人間にとって生産の場であり、移動、運搬の場であった。それに従って船も帆も、操船、運航の術も発達していったのである。そこに、勇気と旺盛な冒険心とが基盤となった創造性が育っていったのだった。

日本人が海の民ならば、もっと海に目を向けよう。海を考えよう。海をきれいに保全しよう。ヨットもヨットレースもそこから芽生え、育つべきなのだ。

25 5回の挑戦

産業革命、紅茶、アメリカズカップ。なにやら三題噺めいてくるが、紅茶のトーマス・リプトン（1848〜1931年）を連想する人は多いだろう。実はアメリカズカップの歴史の中で、最も有名な人物がサー・トーマス・リプトンなのである。

1848年イギリスのグラスゴーで貧しい商人の子に生まれたトーマスは15歳で単身渡米、苦労の末に帰国、23歳で食料品店を開業した。店は繁盛し、トーマスは小さいながら1隻の帆船を持つまでにいたった。1890年スリランカを訪れたトーマスは紅茶の買い付けに成功、イギリスで紅茶の販売をはじめた。

折しも、蒸気機関による工業化がすすみ、世の中は大量生産の時代に移行して、人々は日常生活の中で余暇を持つことができるようになった。余暇にはお茶を楽しむことが流行し、リプトン紅茶は飛ぶように売れた。金持ちになったトーマスには三つの希みがあった。サーの称号を得ること、世界の人々にリプトン紅茶を飲んでもらうこと、これはイギリスの名門ヨットクラブ「ロイヤル・ヨット・スクォードロン」のメンバーになること、と置き換えることもある。そして三つめは、アメリカズカップを手にすることだった。1898年、トーマスは50歳の若さで早々とヴィクトリア女王からサーの称号を与えられている。リプトン紅茶は世界を制覇した。残る希みは、"The Cup"を手中にすることだけだった。

リプトンは愛艇〈シャムロック（I〜V）〉で1899年から1930年まで、実に30年間にわたって5回の挑戦を試みたのだがことごとく敗れ、カップを獲得することはできなかった。しかし、リプトンの上品なふるまい、潔い負けっぷりにニューヨーク市民は惜しみない拍手を送った。リプトンをフレンドリールーザーと呼び、誰からともなくリプトンにカップを贈ろうと募金がはじめられた。ティファニー製のカップは"Lipton Cup"と称された。5回目の挑戦に敗れて帰国する年老いたリプトン卿はそのカップをありがたく受け、そしてこうつぶやいた。「私の欲しかったのはこれではないのだよ」。

巨費と膨大なエネルギーを投入したけれど、リプトンのア杯挑戦は失敗した。しかし、リプトンは見る人の心をつかみ、結果としてリプトン紅茶の名を世界に知らしめたのであった。

26 多彩な人々

サー・トーマス・リプトンのほかにもたくさんの人たちがア杯の歴史の中で、いろいろな役割を演じてきた。それはスポーツマンであったり、事業家であったり、それぞれがいかにも人間らしい息吹を感じさせる活動をしていて興味深い。

マルセル・ビック男爵（フランス）もその一人である。フランスで筆記具メーカー、ビック社を設立、ボールペンで世界を席巻したあのビックである。12メーター級全盛のア杯レースに1970年に初挑戦、74、77、80年と連続4回の挑戦を試みたのだが、いずれもチャレンジャーシリーズで敗退、本戦に挑戦することはできなかった。ビックの挑戦は、プロセーラーの高度な技が支配するア杯レースに、アマチュアで立ち向かう挑戦であり、勝敗を別にして、おおむね見る人の好感を得るものであった。クルーの服装や社交の場でもビック流のこだわりを発揮して話題を独占、ボールペンのシェア拡大にも成功した。

リプトンもビックも勝てなかったけれど好感を持たれ、結果としてビジネス効果も得られた。そして、二人はア杯コミュニティーに通用する紳士であり、古きよき時代の残照でもあった。

アメリカのメディア王、CNNの創業者、大リーグ・アトランタブレーブスのオーナー、女優ジェーン・フォンダとの結婚。数々の肩書と話題の持ち主、アメリカ南部の風雲児、テッド・ターナーもア杯の歴史に名を残した一人として欠くことはできない。ターナーは粗野とも思われる言動で、上流階級の集まりであるア杯ホルダーのニューヨーク・ヨットクラブからは離れた存在であったが、正真正銘セーラーとしての実力で防衛艇のヘルムスマンの座を獲得し、さらにはカップを防衛して得意のビッグマウスをますます大きく開かせたのであった。

実は、筆者は1975年12月シドニーで行われたサザンクロス・シリーズレースと恒例のシドニー〜ホバート・レースでテッド・ターナー率いる〈テネイシャス〉号と闘っている。当然のようにレースに勝ったターナーは美女を引き連れて表彰式会場に乗り込んだ。すでに相当な酩酊状態であった。

ほかにも、ニュージーランドの著名な航海者、1995年にア杯獲得、2001年クストー財団の代表として国連の環境調査中にアマゾン川で賊に襲われて死亡したサー・ピーター・ブレイクなど、ア杯の歴史を彩った人たちは多彩である。

合掌 27

ニッポンチャレンジの活動は１９８８年から２０００年の12年間だった。その間、多くの人たちが去来し、活躍された。その後、故人になられた方々も多い。ここに謹んで御名を記して冥福を祈る。

南波　誠

１９９７年４月23日、外洋ヨットレース（香港〜沖縄〜鹿児島〜大阪）「ＳＡＩＬ ＯＳＡＫＡ97」に出場、四国沖で落水、行方不明。当時46歳。プロセーラー。

京都産業大学ヨット部で活躍、１９８８年ニッポンチャレンジアメリカ杯１９９２のセーリングチームに参画、コーチ兼クルー。１９９２年・１９９５年、ア杯チャレンジャーシリーズに参戦。１９９５年にはチームキャプテン。

マッチレースの普及に努め、日本ヨットマッチレース協会初代会長。毎年、「南波誠メモリアルレース」が行われている。

野本謙作

2002年7月20日、新西宮ヨットハーバーでヨット係留作業中に事故死。享年77。大阪大学名誉教授（造船学）。自艇〈春一番〉で単独帆走。

1988年、ニッポンチャレンジアメリカ杯に参画、技術委員会チーフとしてIACCの開発・設計に携わる。晩年は菱垣廻船の復元に力を注がれた。

高円宮憲仁親王

2002年11月21日、47歳、心不全でご逝去。

ニッポンチャレンジアメリカ杯2000の名誉総裁。蒲郡ベースキャンプで行われた新艇の進水式にご出席。予定外の突然のご乗艇で、蒲郡警察が大慌て。2000年オークランド大会で、予定されていた殿下の現地応援が実現する前にニッポン敗退。

二宮隆雄

2007年9月、心筋梗塞で死去、享年61。愛知県半田市出身。半田高校、立教大学ヨット部。学生時代からスナイプ級の名手で、同クラス世界選手権に10回出場。

実は、二宮こそ日本で初めてアメリカズカップ参戦を夢見て山崎を口説いた張本人。ア杯挑戦は実現したが、二宮がニッポンチャレンジに参画することはなかった。海を舞台にした時代小説を発表して小説現代新人賞を受賞。

徳増須磨夫

２００８年9月10日、肺炎で死去、享年85。元住友海上火災保険社長。ニッポンチャレンジのスポンサー第1号、ニッポンヨットクラブ・コモドア。２０００年、オークランド大会では観戦艇から陣羽織で采配を振る。

大儀見 薫

２００９年9月18日、大腸がんで死去。享年80。元リーダーズダイジェスト・ジャパン社長。元日本外洋帆走協会副会長、日本セイルトレーニング協会理事長。日本の外洋ヨット界をリードした国際派。ニッポンチャレンジアメリカ杯１９９２の設立に関与。

１９８７年第1回メルボルン／大阪ダブルハンドレースに優勝。２００９年11月7日、横浜ベイサイドマリーナ、メルボルン・サンドリンガムヨットクラブほか、大儀見ゆかりの場所で、同じ時刻に航海者の故事にならって八点鐘で別れを告げた。

ほかに、蒲郡ベースキャンプのハーバーマスターとして若いクルーにシーマンシップを叩き込んだ薬師寺千代美。サンディエゴへ移動する直前に無念の病死。

ニッポンチャレンジの公式記録を撮りまくったオフィシャルフォトグラファー渡部健司。すい臓がんが若い命を奪う。

ニッポンチャレンジクルーからソリング級に転じ、１９９６年アトランタオリンピック日本代表になった迫間正敏、肝炎で倒れる。

蒲郡ベースキャンプで車とともに海中に転落、水死した食堂のおばちゃん。重機会社から派遣されてベースキャンプでクレーン作業中に運転を誤って事故死したクレーンドライバー……

合掌

28 ロジスティクス

ベンチャービジネスともいわれるア杯プロジェクトのこぼれ話。以下は巨大製品、重量物のロジスティクス大作戦である。

軽くて固いことが要求されるヨットの船体には、高価ではあるけれど炭素繊維が最適な素材であり、ア杯ヨットの船体、マスト、ブームなど主要部分はほとんどが炭素繊維で成形されている。ニッポンチャレンジは、炭素繊維のメーカーである三菱レイヨンの協力を得て同社の豊橋工場でマストを製作したことがあった。全長35メートル、超細長製品の成形など経験がなく、専用の成形工場から造らなければならなかった。ねじれの問題など、苦心の末にマストは完成した。

完成したのだけれど、マストをどうやって運び出すか、最後の難関が残っていた。工場は豊橋港から5キロほど内陸に位置していた。ヘリコプターによる吊り下げ案は「市街地の上空をとんでもない」と許可されなかった。工場のすぐ裏の豊川の流れを利用していかだで運ぶという珍案も出たが、否決。結局、未明のいちばん交通量の少ない時間帯に人力で運ぶことになった。数台

武村洋一×山崎達光

の台車に載せたマストの前後には警戒車が配置され、トランシーバーを手にしたプロの運び人がものものしく左右をかためて、ゆっくりと移動が開始された。地方紙、地方局のカメラの照明がまぶしい。曲がり角では何度も切り返しをして、豊橋港に到着したのは朝日のまぶしい早朝であった。「日本の技術が誇るハイテク製品、ローテクで運搬」。写真とキャプションが紙面に躍った。

巨大製品、重量物をいかに安全に効率よく運搬するかもア杯プロジェクトの重要な課題である。荷役の方法によっては１００万円単位でコストが変わってくる。

重量約18トンのキールバラストは手持ちのフォークリフトでは持ち上げることができないので、クレーンで吊り下げて移動するしかなかった。クレーンではコンテナに収納することができない。これだけは天井のないオープントップコンテナに載せた。

ヨットの船体は、なんと、40フィートコンテナ12本×3段、36本分の空間を占有してコンテナ船のデッキに固定され、太平洋を渡ったのだが、巨大ヨットをコンテナ船のデッキに安全に、確実に、しかも早く安く載せる方法を荷主、荷役、船の三者が何回も話し合って決めたのだった。

蒲郡のベースキャンプでヨットを台船に載せる。コンテナ船が名古屋港の岸壁に接岸するのに合わせて台船を曳航して移動、コンテナ船の外側につける。その外側にクレーン船を固定する。ヨットを吊り上げる。台船が横に移動する。クレーン船が前進してコンテナ船に接近する。ヨットをさらに高く吊り、デッキに載せる。以上の作業を寸分の狂いなく行わなければならなかった。

作業時間が長引けば台船、曳航船、海上クレーンなどの使用料金が高くなる。風や波があるとなかなかうまくすすまない。プロ集団が行う一連の作業を、固唾をのんで見守ったものである。

29 シンジケートの実態

「アメリカズカップって、なんでそんなにお金がかかるの?」という素朴な質問に答えなければならない。ア杯大会は、最高レベルの操船技術と、最先端技術によって開発された最高性能のヨットによるマッチレースでなければならないというところに、その原因がある。

最高レベルの操船技術とは、最高レベルのプロセーラー集団のセーリングスキルであって、チームの中心には世界のビッグネーム・セーラーが必要になってくる場合がある。

艇の開発と建造。一人の天才ヨットデザイナーに頼る時代は過ぎてしまった。すべてが優秀な技術者集団(テクニカルチーム)によって計算されるのである。100以上の船型の基礎設計はコンピュータ上で行われる。その中から計算によって速いはずの数艇を抽出してモデルを製作する。全長数メートルの大きなモデルである。これを水槽で実験する。ヨットは傾いて走るから、何段階かの傾きでの抵抗を測定しなければならない。さらに帆装、艤装部分の風洞実験。実艇は厳しい品質管理とルール内での工法によって建造され、複数の実艇による帆走実験を経てレース艇が決定される。素材は炭素繊維、チタニウムなどで価格無視、性能本位で最高のものを使う。

セール（帆）は、もはや縫製品ではなく成型品になってしまった。はじめにセールの型を作る。床下に据えられた油圧シリンダがコンピュータ操作によって高くなったり低くなったりし、床そのものがセールの型（曲面）になる。言ってみれば、体育館の床が微妙に曲面をかもしだすような感じである。そこにフィルムを敷き、繊維をはりめぐらし、またフィルムを敷き、熱で圧着する。理想の形状をしたセールが完成する。

セールがいちばんいい形を保っていられるのは8時間だという。2～3回レースで使うとニューセールに取り換えることになる。スピードにはコストがないのである。

シンジケートはセーリングチーム、テクニカルチーム、サポートチーム、メンテナンスチームが何年間か、いわば合宿することになる。宿舎は現地のアパートを借りる。Tシャツからブレザーまで個人装備のデザインも、チームのセンスが問われることになる。

練習基地（ベースキャンプ）には艇庫、セールロフト、メンテナンス工場、大型クレーン、浮き桟橋、サポートボート、ジム、食堂、事務所等の設備・器材が配置され、大会1年前にはこれらの機器、人員が大会が行われる場所に移動する。現地にはウェザーアナリスト、複数の料理人、チームドクターも帯同する。本部（東京オフィス）では、総務、広報、資金などのスタッフがフル回転し、現地ベースキャンプと何回も往復する。

以上が、ア杯に挑戦するシンジケートの実態であって、その資金の規模が想像されるであろう。

30 夢と希望

ニッポンチャレンジのア杯3回の挑戦の間で、心を動かされる出来事がいくつかあった。2000年のオーストラリアの挑戦も、そのひとつとして印象深い。

2000年のア杯大会、ニュージーランドのオークランドに集結した11のチャレンジャーの中にチーム「ヤング・オーストラリア」がいた。エントリークラブはシドニー〜ホバート・レースを主催する名門、クルージングヨットクラブ・オブ・オーストラリア。シンジケートボスは世界の外洋レース界に名を知られたシド・フィッシャー。この挑戦は、10年、20年先を見据えた挑戦であり、オーストラリアの若者に勇気と夢を与えた。

クルーの平均年齢が20歳代前半、ヨットは前回のボートをチューンナップした、いわば中古艇。他のシンジケートが膨大な予算を投入して陸上に広大なベースキャンプを構える中で、ヤング・オーストラリアだけは台船（バージ）にクレーンと船台を載せ、港の中に浮かべて挑戦基地にしていた。挑戦予算は7000万円、プラス夢と希望。

ヘルムスマンは弱冠20歳のジェームス・スピットヒル。新艇を操る世界のビッグネームには歯が立つはずがなかった。3回のラウンドロビンで4勝26敗。港を埋め尽くしたギャラリーから大きな拍手を浴びて、若きオージーたちは毎朝元気よく未来に向かって出航していった。

10年後。2010年2月、第33回ア杯大会。挑戦艇BMWオラクルレーシングの巨大トリマランの舵を握ったのはジェームス・スピットヒルだった。逞しく成長したジミーは、風下の胴体だけでタイトロープの上を走るような超高度なセーリングで防衛艇のアリンギを撃破し、カップを奪取した。

ア杯挑戦の原動力は資金だけではない。強い意志と健全なコンセプトが挑戦を可能にする。そのときできる挑戦をすればいい。日本がこれ以上ア杯挑戦を見送ってしまえば、世界の外洋ヨット界からその存在を忘れられてしまうだろう。日本の外洋帆走の将来のために、若者の冒険心を喚起するためにも、日本は挑戦しなければならない。

それぞれが、それぞれの立場で活動する。そしてその活動を結集してア杯挑戦に向けての大きな流れにするのだ。

31 シーマンシップ

日本人はもっと海で遊ばなければいけない。海で遊ぶことで勇気、冒険心、創造性、ゆたかな感情を育てることができる。海で遊ぶためには、海で遊ぶための知識、技術を学ばなければならない。それがシーマンシップであり、海で生きながらえる唯一のすべなのである。

ここでシーマンシップについてもう少し踏み込んでおきたい。実は、シーマンシップとはスポーツマンシップやフェアプレーとは無縁のことであり、海で生きぬくための技術や知識のことなのだ。具体的には航海術、国際海事法、気象学、気象予測、見張り、操船技術、デッキ艤装の扱い、アンカーおよびアンカーラインの扱い、ロープワーク、索具の扱い、通信、帆走、エンジン、曳航、貨物とその積み方、非常事態での対応、サバイバル、救助、消火などのことであって、これらを習得し、さらにそれを後輩たちに伝えることが海で遊ぶ基本姿勢でなければならない。

外洋帆走は楽しいけれども、反面、命がけのスポーツでもあることを認識しておかなければならない。冬山登山もそうかもしれない。ラグビーもサッカーも衆人環視のもとで、ドクターのいる前でのプレーであって、命がけとはいえない。荒天、夜間での落水はそのまま死に直結している。沖から吹いてくる凶暴な風と波、風下の岩礁は牙をむいて待ちかまえている。それでも、セーラーは自らの責任で海に出る。

10年ぶりに復活した沖縄レース（宜野湾～三河湾）は走行距離720マイル（1333キロ）、5日間の壮絶な戦いである。だから、参加するオーナーもスキッパーもクルーも偉い。しかし、彼らはいささかの気負いもなく、楽しげに海に出る。

外洋レースで事故が起きると、日本のマスコミはすぐに主催者責任を追及するが、自己責任の考えが浸透しているヨット先進国では、懸命の救助活動のあとは静かなものである。冒険に対する基本的な考え方、価値評価の差なのであろう。旺盛な冒険心が豊かな創造性を育むことはまちがいない。

海とまじめに対峙することは、悠久の大自然に対する人間の積極性と敬虔な志向である。多くの人々が海に目を向け、海と遊ぶことがヨットとヨットレースに対する理解を深め、アメリカズカップに挑戦しやすい環境をつくりだすのだ。

1995年のアメリカズカップに挑戦したニュージーランド・チームのリーダー、ピーター・ブレイク。高名な航海者でもあり、クストー財団の代表として海の環境問題に取り組んでいたニュージーランドの海のヒーロー、サー・ピーター・ブレイクは、赤い靴下を愛用していることで知られていた。資金に苦しむチームのために、「みんな赤い靴下をはこう！」という運動が自然発生的に生まれ、この靴下の売り上げでレース艇が1隻進水したという。

ニュージーランド国民の海洋スポーツへの理解と関心の深さを示す事例である。

日本にもそんな日がくることを祈っている。

あとがきに代えて――ヨットとの出合い、ア杯との遭遇

いまはもう、すっかり海としてのステイタスを相模湾に奪われてしまったけれど、神奈川県三浦半島の東側にもいい海があった。金沢八景の高級海苔、大津や走水の潮干狩りと海水浴、その頃の東京湾は水清く、人間に親しげな海だった。

その海辺の町で生まれ育った私は、もともと海が好きだった。ヨットとの縁も深かったといえる。というのは、私の父とその兄弟たちが、1930年代、当時としてはまったくまれなことだったのだが、自家用ヨットを所有していた。といって、父の家庭が特別に裕福であったわけではなく、わずかな小遣いを出し合って、近くの造船所の親父に無理を言って造ってもらったということだった。

父の父、すなわち私の祖父は愛媛県の片田舎から海軍に志願して軍人になった。当時の海軍軍人がそうであったように、呉、佐世保、横須賀などで勤務した後、横須賀に住み着き、土地の女と結婚して生涯を終わった。たいへんな酒飲みで、晩年は酒と豆腐だけで生きていたそうである。日露戦争では旅順港閉塞作戦に参加して逃げ帰ったというのが唯一の自慢で、遺品の中に古ぼけ

武村洋一×山崎達光

た金鵄勲章を見たことがある。

志願兵の退役軍人。大酒飲み、男5人、女2人の子持ち、家計は楽なはずがなく、男たちはそれぞれ低学歴で社会に出ざるを得なかったのだが、海を目の前にして、夏はヨットで遊ぼうぜ、という発想は当時すこぶる斬新であり知的であり冒険的だったといえる。

設計図もなにもなかった。全長19フィートぐらいのクリンカー張り、ガフリグのスループといえばかっこいいのだが、マストとブームは丸太棒、ガフは竹竿、鉄板のラダー（舵板）は重くて装着するのが一苦労だったという。もちろんセールは分厚い木綿製、なぜか色が黄色で、近所の床屋の親父が所有するすこし小ぶりのヨットとともにひどく目立った存在だったようである。

1941年12月にはじまった太平洋戦争（第2次世界大戦）も激しさを増した頃の夏の日、小学校の3年生だった私は最後のセーリングに同乗を許された。その日、横須賀の海を存分に帆走したこと、操船する父や仲間たちの逞しい生き生きとした姿をいまでも思い出すことができる。

心地よい南の風に波が輝いていたあの夏の日、優雅ですこし贅沢な戦前の暮らしの残照だった。

1945年8月終戦。その前後の日本人の生活は、食料、衣料、燃料などの物資が徹底的に不足していた。日常的に海岸の流木を拾い集めていた近くの人たちにとって、白いペンキで彩色されたヨットは贅沢と西洋のかおりに満ちて、反戦的な象徴としてとらえられたのであろう。海岸に陸揚げされていた父たちのヨットが砕かれ、人々の燃料に供されてしまったのはしかたのないことだった。

夏休みは、泳いだ。ほかにやることがないくらいに海に行って泳いだ。朝起きてラジオ体操、朝食、申し訳程度の勉強をすませると海へとんで行く。昼食はいったん家にもどり、水着（六尺褌）のまま縁側で握り飯を頬張る。その間約15分。また海にとってかえして夕方まで、泳いだり岸壁から飛び込んで遊んだ。それが夏のすべてだった。泳ぎは上達したけれど、宿題は手つかずで夏休みが終わった。お金を遣った記憶がない。後年、鎌倉の海水浴場で、海の家にお金を払って着替えをし、シャワーを浴びる体験をしてびっくりした。

水泳はどんどん上手くなった。中学校の全校水泳で勝手に泳いでいると、「君、水泳部に入らないか」と水泳部員の上級生が声をかけてくれた。当時の横須賀中学校（現神奈川県立横須賀高校）にはプールがなかった。ふだんの練習は海、大会が近づくと逗子開成中学のプールを借りて練習した。逗子開成水泳部の練習がすんだあと、夕方近くから泳がせていただく。疲れ果てた帰途、逗子駅の階段を這って上った。貧しい水泳部だった。

１９５０年、早稲田大学高等学院に入学、当時の学院はいま大隈記念会堂のある馬場下町にあった。水泳部に入ろうとして水泳部の部室を訪ねたが、だれもいなかった。中を覗くといろいろな物が散乱していて印象がよくなかった。「まっ、いいか」と教室にもどる途中、永田スポーツ店の店頭に、「ヨット部員募集！」の手書きのポスターが貼ってあった。ヨットもいいなという衝動がはしった。私のヨット人生のはじまりだった。

気がついたらヨットをはじめて60年になる。ヨット人生の還暦を迎えたことになる。はじめの7年間は、もっぱらディンギー（小型のヨット）で勝った、負けたのヨット部暮らしだった。山崎達光さんとは大学のヨット部で同期だった。

社会人になってからは外洋ヨットで航海やレース活動をしてきた。そして、そこにはいつも山崎さんが傍にいた。というよりも、山崎さんが所有するヨット〈サンバード〉号のクルーだったのだ。

1968年のチャイナシーレース（香港→マニラ）出場は、私のヨット人生のひとつのエポックだった。いろいろな事情もあって、油壺―香港―マニラ―油壺の回航スキッパーを任命されたのだった。34歳だった。

とても緊張した。abandon ship（船体放棄）の権利を確認して、この大役を引き受けた。無線機も含めて当時の航海機器は大型であり、42フィートの〈ミス・サンバード〉にはスペースと電源が限られていて積むことができなかった。もちろんGPSなどなかった。銀座の玉屋で六分儀を買ったのだけれど、使い方がわからなかった。勉強した。短期間であんなに集中して勉強したことはなかった。下田に行き、海上保安庁の巡視船〈しきね〉に乗せてもらって天測の実習をした。

実際に航海をして天測の高精度を再認識した。いまはすっかりGPSに頼っているが、天測で航海したという経験は、ひそかな、ささやかな誇りとして私を支えてきた。

私のヨット人生の晩年にさしかかったころ、大きな未知のテーマと遭遇することになった。アメリカズカップだった。１９６０年代に『舵』誌の記事で、アメリカズカップという、なにかとんでもないヨットレースがアメリカで行われていることは知っていた。しかし、それはどこか遠い別世界の出来事と思っていた。

そんなある日、社長室から私のデスクに電話がかかってきた。「すぐ来てくれ」。予感と不安が頭をかすめた。山崎社長がきり出した。「いまの仕事だが、もう福本に任せても大丈夫だろう」。福本は私の後任者で、ワンランクアップのチャンスである。大賛成だが、私はどこへ行くのだろう。手にした辞令はニッポンチャレンジへ出向、蒲郡ベースキャンプへの赴任だった。定年まであと5年だった。

山崎さんにはいろいろなチャンスをいただき、貴重な経験をさせていただいた。心から感謝している。

いまも山崎さんの〈サンバード・フォーエバー〉号でセーリングを楽しんでいる。現在の最大のテーマは、「日本沿岸周航の旅」である。気ままに、安全に、ゆっくりと港めぐりなどしてみたいものだ。喜寿をこえてなお海に出ることができることを心底喜んでいる。

２０１１年　秋
武村洋一

（追記）

２０１１年3月11日は日本人にとって忘れることのできない日となってしまった。あのとき、日本に住む人々は、特に東北地方の同胞は、それぞれの場所で、あの忌まわしい体験をしたのだった。

大地が震え、海が暴れた。港が砕け、船が流され、家が流失した。多くの人の命が奪われた。ああ、海よ！　すべてのセーラーに心の安らぎを与えてくれる海よ。私たちは海に対してなにか大きなあやまちをおかしたのだろうか。優しく私たちを包みこんでくれる海が、ときに怖い様相を見せることを私たちは知っている。それは、私たちが海に対する謙虚さを忘れかけたときの叱責だと銘記していた。

たしかに、人間は、海の自然を壊し、油を流し、魚を乱獲したかもしれない。しかし、あの日のあの仕打ちは酷すぎなかいだろうか。

それでも、私たちセーラーは、海が心のふるさとであるとの思いを断ち切ることはできない。私たちは、さらに謹み深く、謙虚に、しかも勇敢に海に出なければならない。セーラーとして真面目に海に向き合い、海がくれる勇気と優しさを持ち続けたい。あれは、海が発した、私たちの海に対する態度と気持ちへの警鐘だったのではないだろうか。

3月18日夜、三崎港から1隻の船が被災地に向けて出港した。神奈川県立海洋科学高校（旧三崎水産高校）の実習船〈湘南丸〉６４６トン。船上には多くの救援物資とともに、医師、看護師、福祉ヘルパーが乗っていた。目的地は福島県小名浜港。純白の〈湘南丸〉が、なんと美しく力強く思えたことか。陸路が分断されて、海が、救援の願いと友情を運ぶ一筋の道になった。

第2章　ニッポンチャレンジはこう戦った

武村洋一氏の「アメリカズカップとニッポンチャレンジ小史」は、フジサンケイ ビジネスアイ連載時に毎回目を通していたが、連載が終了し、まとまった原稿になって読み返してみると、あらためて感心した。

アメリカズカップの歴史、そしてニッポンチャレンジの戦いの流れを、これほど簡にして要を得た文章で読んだことはない。余人をもって代え難し、ニッポンチャレンジでともに戦った、まさにタケさんじゃなければできなかった仕事だ。

しかし、なかなかやるじゃないかと思うと同時に、3度のアメリカズカップ挑戦を通じて直面したさまざまなことどもが私の中で次々と蘇ってきた。タケさんの文章に触発されてしまったのだ。

そこで、10年以上にわたって挑戦を続けた中から、断片的ではあるがいくつかのことを思い起こし、私自身のニッポンチャレンジ史をまとめておきたいと思った。

問わず語りのようなかたちになったが、アメリカズカップに初めて挑戦した日本人セーラーのひとりとして、しかも3度も挑戦した男のメッセージとしてお読みいただければ幸いだ。（山崎達光）

山崎達光

挑戦に至るまで

アメリカズカップは別世界

アメリカズカップに関しては、人なみのセーラーとして知識と興味は間違いなく持っていたが、まさか自分自身がこれにかかわるということは予想だにしなかった。

1972年の1トン世界選手権で〈テネイシャス〉にスキッパーとして乗るテッド・ターナーを見かけた。テッド・ターナーはアメリカズカップを〈カレイジャス〉で防衛した人物で、その強烈な個性はよく知られていたが、やはり普通のヨット乗りとは違った圧倒的な存在感を感じた。

さらにその後、シドニー〜ホバート・レースで彼と競ったが、周囲をはばからず他艇に対して血相を変え猛烈に抗議するその姿を見て、自分はあのような激烈な気合をヨットレースに対して持っているだろうかと自問し、別世界の人物を見るような思いをしたことを覚えている。

米国では、メジャーリーグのオーナーとアメリカズカップ・シンジケートのチェアマンが、トップに立つ者のステイタスとして何よりも幅が利くという話も伝わっており、それに対する憧れもあったが、同時に、アメリカズカップはビジネスになるわけでもなく、資産を吐き出すばかりで、手元に残るのは「銀の水差し」一つだけという話も聞いており、やりたいとも思っていなかったし、簡単な気持ちでできるはずはないといったところが、私のアメリカズカップ観だった。

いつだったか詳しくは覚えていないが、現USセーリング連盟会長のゲイリー・ジョブソンとニューヨーク・ヨットクラブを訪ねたことがあった。アメリカズカップを100年以上も保持する名門クラブだ。クラブハウスの中に入るとカップルームに通された。カップルームとは、つまりアメリカズカップルーム。そう、わざわざアメリカズカップを展示する部屋を用意してあったのだ。小さな部屋だがカップを飾るための台座がしつらえてあり、同クラブを象徴する存在だったと思う。

100ギニーカップあるいはオールドマグとも呼ばれる純銀製のアメリカズカップ

そこには歴代のアメリカズカップ防衛艇のハーフ・ハルモデルが壁面いっぱいに所狭しと飾ってあり、古色蒼然とした図書館のような荘厳な雰囲気と相まって厳粛な気持ちになった。アメリカズカップに挑戦したヨットは、これらのヨットにみんな負けたんだ。その圧倒的な強さの一端にふれた思いがし、ある種、畏敬すべきような恐ろしさを感じたものだ。

しかし、そのときもまだ、アメリカズカップは別の世界の出来事であった。

カップがアメリカからオーストラリアに渡ったのが1983年。その年の冬だったか翌84年の春だったか、大儀見薫さんと二宮隆雄さんが私のオフィスを訪ねてきた。

二宮さんは革張りの立派なノートを携え、そこにはアメリカズカップの資料がびっしりと書き込まれていた。そして2人が口を揃えて「いまこそ、アメリカズカップ挑戦を考えるべきときである」というのだ。「挑戦すべき」ではなく、「挑戦を考えるべき」というわけだ。

以後、毎週金曜日になるとその2人に木村太郎さんが加わって、必ずやってくるようになった。しかし、こちらはまだ上の空。というのも「アメリカズカップ」というレースは見たこともなく、12メーター級というヨットにも乗ったことはなかったのだから、申し訳ないが皆さんの話に熱心に耳を傾けたようなフリをしていただけだった。

1985年、〈スーパーサンバード〉(40フィート)でロサンゼルス〜ハワイ間のトランスパシフィック・レースに参加したとき（65艇中8位）、フィニッシュ地ハワイ・ワイキキのダイヤモンドヘッド沖で初めて12メーター級を見ることになった。

1983年のアメリカズカップで敗れたアメリカのデニス・コナーが、カップ奪還を目指してハワイで練習をしていたシーンに出合ったのだ。

ハワイ・ワイキキ沖は、次のアメリカズカップ開催地である西オーストラリア・フリーマントルとよく似た強風が吹き、デニス・コナーがワイキキ沖を練習拠点にしていたわけだ。

このとき、たまたまデニス・コナーの12メーター級ヨット〈スターズ&ストライプス〉と〈スーパーサンバード〉が並走する機会があり、下りはともかく上りでは〈スーパーサンバード〉が〈スターズ&ストライプス〉に伍して走っているような気がした。いま考えると40フィートと60数フィートの艇が伍して走れるとは思えず、幼稚極まりない感覚だったとは思うが、しかし、ここでアメリカズカップに対する気持ちが、それまでの無関心からほんの少し変わった。「へぇ、やれるじゃないか」という気持ちが芽生えたのかもしれない。

翌年、ケンウッドカップに参戦するために再びハワイを訪れたのだが、このときすでにデニス・コナーと〈スターズ&ストライプス〉はフリーマントルへ移動し、87年のアメリカズカップ奪還の下準備を整えていたようだった。

その後も相変わらず先の3人は毎週、金曜日に訪ねてきては話をするのだが、ハワイから帰ってからは私の気持ちが明らかに変わっていった。

アメリカズカップについてのさまざまなことを、多くの方と話す機会が増えていった。そんな折、〈スーパーサンバード〉を購入したご縁でヤマハ発動機の小宮功常務と会食することになった。そのときハワイのエピソードを話したら、「うちの江口に会ってみてはいかがですか」となった。「うちの江口」とは、当時のヤマハ発動機社長の江口秀人さんのことだ。

そこで浜松のヤマハ発動機の本社まで出かけ、江口さんにハワイ、そしてアメリカズカップのことを話したら、「面白いじゃないですか、やってみましょう。船はうちで造ります」という答えが返ってくるではないか。

当時、私にとってヤマハ発動機の力が得られることは何ものにもましてインパクトが大きかった。多少の変化が私の中にあったとはいえ、まだまだ遠いものと考えていたアメリカズカップ挑戦へ一歩を踏み出すのに、この江口さんのひと言が決定的だった。その後、浜松で旨いウナギを食べたあと、意気軒昂といった気持ちになって東京にもどったことをいまでも鮮明に覚えている。

このときから一気に、アメリカズカップ挑戦へ私の気持ちは傾いていった。

資金集めに奔走

しかし、気持ちは固まったものの、不安でいっぱいだった。

正確なチャートが手元にはなく、船は出港したが、走りながらコースを決めていくような航海だった。

まず、一番の不安は資金だった。

レースに参加し、負けることに対しての不安ではない。ヨットレースとはそういうものだし、ましてやアメリカズカップ挑戦がそんなに簡単なものでないことはヨット乗りとして十分に理解しているつもりだった。

日本の技術力をもってすればそれなりの挑戦ができるとは思っていたが、それを実現させるだけの資金が集まるか、それが不安だった。気持ちが高まる一方、資金のことを考えると鬱々とし、家に帰ってかみさんに「この家を売り払うことになるかもしれないぞ」と伝えると、「好きなことをやろうと腹をくくったんだから、おやんなさいよ」と逆に発破をかけられたこともあった。

アメリカズカップに挑戦するプロジェクト名をニッポンチャレンジとし、帝国ホテルで旗揚げパーティをやることになった。

そのときまでに、1社1億円の支援金を募り、1業種1社で30社、つまり30億円を集めようとの目標は立てていた。しかし、旗揚げパーティの時点では15社しか集まっておらず、目標の半分しか集まっていなかった。旗揚げとはいえ、残る15社を集めるための資金集めのパーティでもあったわけだ。

しかし、パーティは盛況で、社会の関心の高さがはっきりと感じられた。当時のマイケル・マンスフィールド駐日米国大使にもご参加いただき、「あなたは素晴らしい決心をした。いまの日本でこういうことをやらないほうがおかしい。応援します」と言っていただいたのが強烈に印象的だった。後日、大使からパーティの礼状が届いたのだが、そこには「健闘を祈る」と書いてあった。いまでも大切に保管してありますよ。

資金集めの活動は、絶え間なく続いた。

当時、ＮＨＫのニュースキャスターを務めていた木村太郎さんと企業を必死に説得して回った。日本全国に顔が売れていた太郎さんの登場は強烈なインパクトがあり、みんな熱心に話を聞いてくれた。

話は前後するが、あるとき資金集めの一環として住友海上火災保険の徳増須磨夫社長を江口さん、木村さんとの３人でお訪ねしたことがある。小型のスーツケース大のビデオデッキを持ち込み、アメリカズカップ挑戦を訴えるテープを見てもらおうとしたところ、それを最後まで見ずに徳増さんがやおら話しはじめ、「こうしてあなたたちが揃って来ているということは、つまらない話であるわけがない。おそらくこれから日本がやるべきことのために来たんだろう。当社でやれる範囲のことはお手伝いしましょう」と、即決でスポンサーＯＫのご返事をいただいた。

その後も徳増さんからはスポンサー以上の力を与えていただいたが、これがきっかけになり、企業間の横のつながり、企業トップ同士の個人的な人脈などを通じて、最終的には30社で合計30億円の資金が集まった。

しかも、その後に資金が足りなくなり、1社5000万円ずつの追加の資金提供のお願いをしたのだが、これも意外なほどにスムースに集まった。当時の日本の企業の力にはまだまだ余裕があったんだといまとなっては思うが、それにもまして、当時の経営者の心意気が伝わってきたし、また各社の協力的な姿勢はまことにありがたいことだった。

しかし、この追加資金のお願いにも実はちょっとした苦労話があった。

30社のスポンサーが決まったところで、それぞれの企業を代表する30名のトップの方々に集まっていただき、再び帝国ホテルでパーティを開催した。その席で杯を交わしながら自己紹介をし、旧知の間柄の方々は歓談に時を過ごされ、大変和やかな雰囲気であった。

そのパーティは木村太郎さんに進行役をお願いしたのだが、宴たけなわになった頃、木村さんは「皆さん、ちょっとお時間をいただきたい」と言って、私を壇上に向かわせた。

演壇に上がって私は日頃のお礼を申し上げ、なおかつここで資金不足が生じてしまったことを正直にお話しし、「5000万円の追加をお願いができないでしょうか」と誠心誠意申し上げたわけである。実はその前に、太郎さんは私の耳元に口を寄せて、「山崎会長、皆さんが追加支援に賛成するまで、絶対に演壇を降りてはいけませんよ」と言って、大きなプレッシャーをかけた。これを聞いてから壇に上がったわけだが、足が震えた。これは最後まで止まらなかった。

資金というものは決して簡単に集まるものじゃなく、文字どおり心臓もドキドキするわけで、命懸けでお願いし、ご協力を仰ぐということを忘れてはならないと思った。

当時、経済環境もまだ悪くなっておらず、いまとは単純に比較はできないが、その頃の企業トップには海外の文化から何でも吸収しようという貪欲な気持ちがあり、スポーツを通して国威を高揚させようという情熱にあふれ、何かにつけてアグレッシヴだった。こういう言い方をするとピンとこない若い方もいらっしゃるかもしれないが、戦後の復興をすでに終えて、もっともっと発展を続け、次は世界の列強と伍する日本を実現させようという気概にあふれていた。

と同時に、世界に伍するとは経済的にはもちろんだが、豊かになったそのあとに、経済活動だけに腐心するエコノミックアニマルではない日本を築こうという流れが起こり始めていた。

1986年に発表された前川リポート（「国際協調のための経済構造調整研究会」の報告書）に書かれていたように、「（これからの）日本は国民生活の質の向上を目指すべきであり、（中略）（日本の）経済的地位にふさわしい責務を果たし、世界経済との調和ある共存を図るとともに経済のみならず科学技術、文化、学術面で世界に貢献すべきである」という考え方が出始めていたのだ。

最初は山崎達光のヨット道楽の延長と思われ、その意味をすんなりと理解された企業トップは少なかった。しかし、その後、次第にアメリカズカップへの挑戦の意味が理解され始め30社ものメインスポンサーが集まったのは、ニッポンチャレンジの活動や精神がこの時代のある種の要請を満たすという意味で、日本の流れに乗っていたのかもしれない。

日本人と海

アメリカズカップは本来、ヨットクラブ対ヨットクラブの戦いである。つまり、エントリーできるのはヨットクラブという組織でなければならない。しかし、日本には欧米でいうところのヨットクラブは実質的には存在しない。そこで、初挑戦当時、外洋ヨットのナショナルオーソリティとしてレース運営、ルールや安全などを管理していた社団法人日本外洋帆走協会（ＮＯＲＣ）を通じてアメリカズカップにエントリーすることとなった。ちなみにＮＯＲＣはヨットクラブではない。

では、なぜ日本にヨットクラブが存在しないのか？

本来、クラブとは自前、自立の精神を持たねばならない。自分たちで資金を出し、設立し、運営し、利益を守り、外部の援助は受けずに持続的に運営する組織である。

しかし、日本の場合、私企業が設立した営業の枠に押し込められた同好の士の集まりがクラブという名のもとに運営されてきたため、本来のクラブの概念が理解されてこなかったのではなかろうか。

そこには本当の意味での資産家が存在せず、パトロネージという文化が育たず、そういった行為を税制面においても優遇する社会システムが存在しなかったという側面があろう。

また、ヨットであれその他のスポーツであれ、あるいは文化的な活動であれ、同好の士が集うだけでは単なる仲良し集団であろう。その規模がどれほど大きくなろうと、好き者の集まりでしかない。クラブとなるには、そこに社会生活との接点が求められると考える。

では、社会との接点とは何か？　それは、スポーツを通じて、文化を通して、何らかのかたちで地域や社会に貢献し、社会と共存することだと思う。

余暇を有意義に過ごすそうとする地域住民を受け入れ、スポーツを通して子どもたちを鍛え、その子どもたちが社会に必要とされる人材に育つことを応援するなどかたちはさまざまであろうが、人の交流の輪の中にこそクラブが存在し得るのだと思う。

日本の場合、働く人たちの場としてのみ海が重用され、生活者を優先させるあまり、海で遊ぶことの意味を深く考えてこなかったこともヨットクラブが生まれなかった一つの要因であると思う。そこには日本固有の事情があるのだが、ビジネスとしてしか海をとらえられないなら、それはあまりにも悲しいことだ。

そんなクラブとしての概念のない日本だからこそ、クラブ対抗戦であるアメリカズカップ挑戦の意義を最初は理解してもらえなかったが、前述のようにそれは徐々に理解され始めた。

そのようにして下地を整えつつ、いよいよ、ヨットレースそのものについて考える時期が来た。

実践練習

ヨットレースとしてのアメリカズカップを見ると、その根幹をなすマッチレースの技術というものが私たちセーラーにも実はよく理解できていなかった。それまで日本では、ほとんどマッチレースが行われていなかったからだ。

マッチレースとは1対1で競うゲーム方式だが、ヨットレースの場合、これが独特の戦い方となる。スタート前の駆け引きから始まり、海上で繰り出されるタクティクスやセーリング技術は一般のレースとは大いに異なり、学ばねばならない事柄は多い。

そこで、それを体得しようと、1987年、日本のトップセーラーといわれる小松一憲、南波誠、箱守康之、庄崎義雄、花岡一夫、大谷たかを、ロバート・E・フライの7人のセーラーをニュージーランドのオークランドで開催されているレースへ送り込んだ。しかし、結果は見事、全戦全敗。すべてのレースに完敗するというものだった。

「日本には失望した。レース技術や結果はもとより、マナー、エチケット、クラブライフなどすべてについて失望した」と散々な酷評を頂戴し、正直、心が萎えた。私がセーラーとして一目を置く日本の有数な連中を揃えたつもりだったのに、それがこのような結果に終わった。

そこで、次なる手を打った。

ニッポンチャレンジ立ち上げ時に相談役となってくれたゲイリー・ジョブソン

マッチレースとアメリカズカップをよく知る人物に、教えを乞うというわけだ。

白羽の矢を立てたのはゲイリー・ジョブソン。彼はテッド・ターナーの片腕として〈カレイジャス〉に乗り、カップ防衛に貢献したセーラーだ。木村太郎さんとも旧知の仲であり、アメリカズカップの第一歩を習うには適切な人物だった。いまはUSセーリング連盟の会長を務めている。

ゲイリー・ジョブソンは1週間ほど日本に滞在して、アメリカズカップのあれやこれやの指導をしてくれた。そして彼を追いかけるようにしてアーサー・ウォルシュレガーが日本にやってきた。

アーサーはマッカサー元帥のお供として活躍した男で、敵地に上陸すると橋を架けて兵隊を送り込む工兵部隊の部隊長を務めたという。どこに港を造るかということについての専門家であり、日本のどこがニッポンチャレンジのベースキャンプにふさわしいかを地図とチャートを使って調べあげ、彼の決断で愛知県蒲郡市にベースキャンプの地が決まった。

クルーの育成

当然これらの作業の前に、アメリカズカップに挑戦する乗り手たちを集めることになった。チームの根幹をなすもっとも重要な人材である。

そこで、「ヨット経験問わず。身長180センチ以上、体重75キロ以上、年齢30歳まで」という条件でクルーを公募すると、なんと250人もの応募があった。

書類選考を経て76人まで絞り、横浜に彼らを集め、ヨット〈翔鴎（かもめとぶ）〉の艇上で体力テストや選考テストを行った。体のデカい若者たちが集まり、体力テストや面接を受けるさまはちょっと奇妙な「就職試験」といった趣だった。

この「就職試験」で76人の中から17人を選考し、浜名湖でヤマハのクルーザーを使ってセーリングの訓練を行った。このときのコーチはゲイリー・ジョブソンから推薦を受けた米国人セーラーたちだった。

コーチたちは、ヨットのライフラインを全部はずして訓練を行った。というのも、12メーター

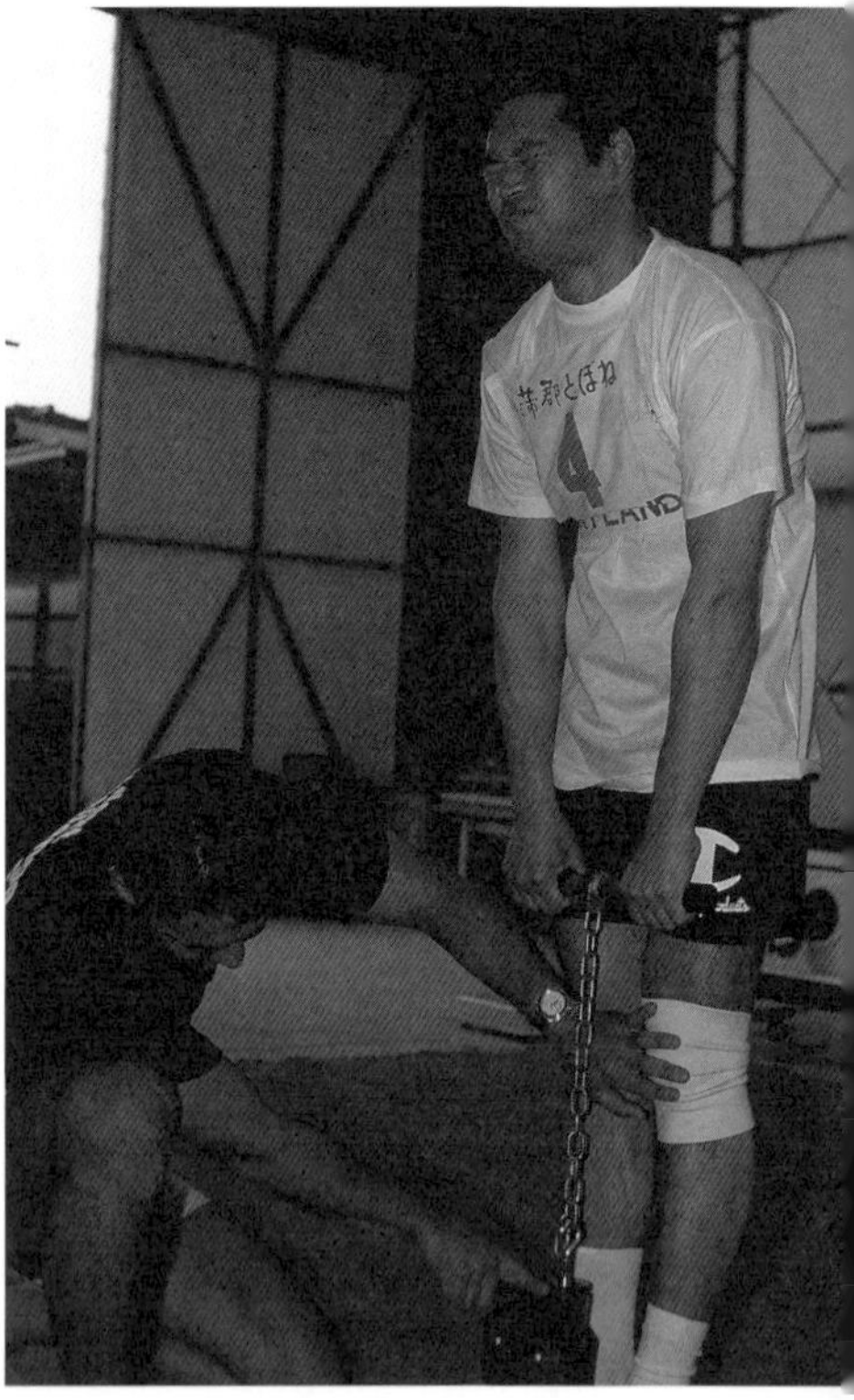
新人クルー選考の体力テスト風景（2回目の挑戦時）

級ヨットにはライフラインが付いておらず、それと同じ状況をつくったわけだが、ヨットがちょっとヒールすると、まったく初心者の若者たちはすぐ落水してしまう。艇上ばかりではなく、桟橋で作業をしているときにも落ちる。よくもまぁこれだけ落水できるなと思うほどで、ヨットに乗っているのか浜名湖で泳いでいるのかわからないくらいだった。彼らが本当にヨット乗りに育つ日が来るのだろうかと、内心不安に感じたほどだった。

米国人コーチについて

初めてのアメリカズカップ挑戦である。いい話ばかりではない。

前述のように、何はともあれクルーのトレーニングをせねばならいとなったときにお世話になったのが、木村太郎さんに紹介されたゲイリー・ジョブソンだ。彼は4人の米国人コーチをニッポンチャレンジに派遣してくれたが、しかし、これがどうもしっくりいかなかった。

給料はもちろん、住宅の手配、子どもたちの学校、日々の食料品の調達などすべてをニッポンチャレンジの費用で賄ったが、そのガメツさというかシッカリさ加減には驚かされた。それに加えて、日本人クルーともいま一つ心が通じずにうまくいかない。

こんなことでやっていけるのかと不安に思っていたあるとき、彼らが請求してくる伝票の中にトイレットペーパーの領収書が入っていた。なんとトイレの紙までニッポンチャレンジ持ちなのかよ、というのが率直な気持ちだった。「冗談じゃない！」と、気持ちがしっかり噛み合わないことをトイレットペーパーで確認した次第である。

太郎さんとゲイリーとも相談したうえで、４人の米国人コーチにはお引き取り願ったが、その後にコーチとして来てくれたクリス・ディクソン、父親のロイ・ディクソンとその他のニュージーランド人コーチとは実にうまくやっていくことができ、先の米国人たちとは好対照だった。

ニュージーランドの助っ人たち

クルーたちはディンギーから始まって23フィート、30フィートの外洋クルーザーで訓練はしているが、アメリカズカップで使用される12メーター級は見たことも乗ったこともない。私自身だって、見こそすれ、乗ったことはない。この段階で12メーター級に乗った日本人セーラーは、数えるほどだったに違いない。

そこで、1987年に西オーストラリア・フリーマントルで開催されたアメリカズカップ挑戦艇選抜レース（ルイ・ヴィトン カップ）を戦ったニュージーランド艇を購入しようと考えた。セールナンバーKZ3とKZ5だ。この2艇は12メーター級として初めてのFRP艇であり、強風のフリーマントルでその真価を十分に発揮していた。

その購入に関する交渉だが、私が直接、ニュージーランドのオークランドに出向き、相手のシンジケート・チェアマンであるマイケル・フェイと直談判して決めてきた。通訳としてクルーの1人であるニュージーランド人のロバート・フライは同席したが、私が価格交渉までし、いま思えば2隻で1億2000万円というとてもリーズナブルな値段で交渉が成立することとなった。このことは外部の人には話していないのだが、シンジケートのチェアマン同士がレース艇の売買をめぐる交渉を直接するというのも、アメリカズカップの歴史において珍しいのではないかと思う。

この船で12メーター級の練習が始まったし、ニュージーランドとの縁が始まった。これがその後、クリス・ディクソンとの付き合いが始まるきっかけとなった。クリスと前後するかのように父親のロイ・ディクソンがコーチとしてやってきて、その後、ラグビーのオールブラックスのフィジカル・コーチだったジム・ブレイヤー、そしてニュージーランドのセーラーたちがコーチとなってくれた。彼らは純朴で素朴で、日本人ともうまく馴染んでくれた。

セールメーカーの面接

前項で述べたように、ニュージーランドから2隻の12メーター級を購入して、セーリングコーチにクリス・ディクソンを任命した。そして、チーム全体をまとめる役割のヘッドコーチにはロイ・ディクソンが加わった。クリスの親父さんである。

背筋をピンと張り、常にまっすぐ前を向き、相手の目をにらみつけるようにして話すロイは、老いてなお矍鑠《かくしゃく》といった風情で、クルーに対して、トレーニングについてまことに厳しい人であった。

私も社業を持ち、毎日はベースキャンプに出向くこともできず、ロイとのミーティングは彼が蒲郡から東京へやってきて報告するというかたちを取るようになっていた。それはいつもトレーニングのない日曜日ということになり、エスビーの私の部屋での日曜日ミーティングはしばらく続いた。

その内容は建設的なものであったが、しかし、グチに近いようなときもあった。「あいつはやる気がない、あいつはまあまあマシだ」などといったことだが、彼も年を取ってから日本に来ることになり、好きなヨットのこととはいえ異文化の中で生活し、フラストレーションもあったようだ。

しかしベースキャンプはうまく機能し、クルーは着実に進歩し、チームは進化し、まさしくロイは名コーチだった。息子のクリス・ディクソンを生後6週間でヨットに乗せ、その後、世界一のマッチレーサーとして育て上げられたのも、彼のコーチとしての才能ゆえだろう。

そういった中、ニッポンチャレンジのセールメーカーを決定する時期がやってきた。アメリカズカップのルールでは、ヨットの船体はもちろん、それに付随するすべてを国産品を使って挑戦せねばならない。当然セールも日本製のものを使わねばならず、その製造業者を国内から選ぶことになったわけだ。

そこで、ロイ・ディクソンと私は国内のセールメーカー数社と面接することにした。その中に菊池誠がいた。当時はダイヤモンドセールの社長だったと思うが、後にノースセールを買い取り、ジャパンノースを率い、世界中で高い評価を受けるまでに育て上げた。誰に対しても同じことを行ったのだが、ロイと私はヨット全般について、セールについて、素材について、技術について、セールメーカーとしての考え方についてありとあらゆる観点から菊池に対して質問を浴びせかけた。

ロイが菊池に向かって矢継ぎ早に質問し、菊池もそれに答える。丁々発止のやり取りが英語で繰り返されたのだが、その面接が終わってロイが言うには、「会長、これは菊池以外にない」というものだった。私も同感で、他の人たちと比較して飛び抜けた情熱を菊池から感じ取った。

これは蒲郡のベースキャンプがオープンして、ロイが来てしばらくした頃の話だが、ようやくニッポンチャレンジがアメリカズカップ挑戦チームとして機能し始めたのもこの頃からだと思う。

蒲郡との太い絆

ここで、ベースキャンプを設営した蒲郡市の話をしよう。

セーリング練習を思いっきり行うためのベースキャンプは前述のようにアーサー・ウォルシュレガーが愛知県蒲郡市を選んだが、その蒲郡市の協力は甚大なものだった。

蒲郡にベースキャンプの白羽の矢を立てた頃、蒲郡市民でアメリカズカップのことを知っている人は数えるほどだっただろう。しかし、地元メディアに報道され、私たちも数えきれないほど蒲郡市を訪ねる間に、アメリカズカップが何であるかが市民の間にも浸透するようになっていった。

そして、蒲郡市の絶大なる協力の下、ニッポンチャレンジの蒲郡ベースキャンプは出来上がった。

60数フィートの全長を持ち、35メートルのマストを有するアメリカズカップ艇を格納するには体育館並みの艇庫が必要で、その４００平方メートルを超す巨大なセールを作るロフトもまた巨大な床面積が必要だが、そんな大型の建築物を造る資金的な余裕はそのときはなかった。

そこで、当時、日本初の屋根付き野球場として話題になっていた東京ドームの屋根部分を施工した太陽工業さんを紹介していただき、セールロフトと艇庫を造っていただいた。大変にありがたいことだった。

太陽工業の尽力によって作られた体育館のようなセールロフトで、広大なセールが作られた

ニッポンチャレンジ発足のパーティは、そのセールロフトに地元の方々やスポンサーをお招きして行った。

このベースキャンプ設置に関してさまざまな便宜を図っていただいたのが蒲郡市であり、愛知県との交渉にも率先して力を貸していただいた。そしてこのとき、尽力していただいたのが中部経済連合会の神野信郎さんだった。

神野さんとの個人的なご縁もあり、日本経済新聞の名古屋支局が主催する講演会で話をすることになった。大勢の聴衆を前に「なぜアメリカズカップに挑戦しなければならないのか」ということを滔々と話した。聴衆の皆さんはほとんどが名古屋経済界のお歴々であったが、真剣に耳を傾けていただき、講演中から確かな手ごたえをつかんだのを覚えている。

これ以降、名古屋の可能性のある企業を片っ端からまわり、その結果、中部電力、トヨタ自動車などにスポンサーになっていただいた。このような流れになると、中部経済連合会も組織として動いてくれるようになっていった。

蒲郡市の市長はニッポンチャレンジがお付き合いをいただいている間に大場進、鈴木克昌、金原久雄の3人の方が歴任されたが、町おこしの活動と連動させようという動きとも相まって、皆さんいずれもがニッポンチャレンジの大いなる理解者だった。

個性あふれるスポンサーの皆さん

住友海上火災保険の徳増須磨夫社長は、大変な人格者だった。挑戦とはかくあるべきだと教えられ、「正正堂堂」の真の意味、そして腹のくくり方を教えていただいた。

1992年の最初の挑戦時、徳増さんは奥様とご一緒にサンディエゴのベースキャンプを我々の激励のために訪問された。そして、ありがたいことにクルーやスタッフ全員をホテルにご招待いただき、寿司食い放題というパーティを開催していただいた。

当時サンディエゴには「日本」という寿司屋があり、そこの寿司職人5〜6人が呼ばれて寿司を握った。招待された我々は100人近くいたと思うが、その寿司職人たちはその夜3千貫ほどの寿司を握ったという。あまりの数に筋肉痛になり、翌日は店を開けることができなかったという話を聞いた。100人で3000貫、1人30貫は食べたことになろうか。徳増さんはそれを見て、大変に喜ばれていた。

また、あるときはトヨタ自動車の会長だった豊田英二さんがサンディエゴに来られた。たまた

物心両面から様々なご支援をいただいた住友海上火災保険の徳増須磨夫さん

ま、レクサスの全米ディーラー会議がサンディエゴであり、それに英二さんが出席予定という情報をつかみ、そこでニッポンチャレンジのベースキャンプも見ていただこうということになった。

スタッフはその準備のために大慌てだったが、英二さんにはレース艇に乗艇してセーリングを楽しんでいただいた。その後セーリングを終え、陸に上がったのだが、英二さんは、艇庫に入ったきり出てこない。中でカーボンファイバー製のレース艇をなめるがごとくチェックされ、マストをはじめとするありとあらゆるパーツを無我夢中になって見ておられたのだ。

英二さんはもともと技術者であり、その興味はカーボンファイバーにあったわけだ。自動車業界もこれからはカーボンファイバーを使用するだろうと話題になっていた時代でもあり、技術者としての英二さんは実に3時間近くも艇庫を見学され、秘書の方々が時間を気にしてソワソワされていたのを覚えている。

また、95年の挑戦時は日本財団の笹川陽平さんも、当時会長だった曽野綾子さんと一緒にサンディエゴのベースキャンプを訪問され、技術的なことに大いに興味を持たれていた。帰国されてからアメリカズカップ艇の技術開発チームを編成され、資金の提供をもいただいた。

その研究の成果はあったと確信しているが、それぞれの分野の先生方の研究の範囲内にとどまり、直接的にレース艇の性能を上げることには結びつかなかった。

しかし、この研究開発チームの成果は後に、東京大学の宮田秀明教授を中心としたチームが生まれるきっかけになった。宮田教授の業績は別項で紹介するが、この研究室にいた金井亮浩君や鹿取正信君などの若手研究者の才能と努力と情熱により、2000年大会の〈阿修羅〉や〈韋駄天〉の誕生につながった。

1992年、初めての挑戦

初挑戦を前に

1992年のアメリカズカップから、レース艇が12メーター級からIACC（International America's Cup Class＝国際アメリカズカップ級）に変わった。

どの国、どのチームもいっせいに開発競争となったが、ニッポンチャレンジは設計者に大阪大学名誉教授だった野本謙作さんを起用した。スポンサーの1社、ヤマハ発動機の推薦だったが、先生はそのときすでに公務をリタイアされていた。シングルハンドで愛艇〈春一番〉を駆って北欧のフィヨルドクルージングの旅に出ておられたところ、急遽、ご帰国いただき、お願いすることになった。周囲に中堅の林賢之輔さん、若手の横山一郎さんを配して、NORCの大儀見薫さんにもコーディネーターとして積極的に参加してもらった。

まったく新しいヨットを新たに採用し、ゼロから設計するわけだから、侃々諤々の議論が世界中のアメリカズカップ関係者の中で起こった。世界規模の設計者会議もたびたび行われ、日本の意見もかなり採用され、新しいレース艇の骨格が決まっていった。

そのようにして新しいIACC艇の建造ルールが決まり、それに沿って、ニッポンチャレンジの初めてのアメリカズカップ挑戦艇J3とJ6が出来上がった。

しかし、建造途中からJ3は異様に重いという噂があった。そこで、林賢之輔さんに「いったいどうなんだ」と質問したところ、「野本先生の言うとおり造れば頑丈な船ができます」と言うではないか。

「頑丈はありがたいが、それではスピードレースに勝てないではないか」とさらに問い詰めると、「心配しないでください。造るときにどんどん軽くしますよ」と言う。不思議に思った。設計図があるのに「どんどん軽くするって、どういう意味なんだ?」。

なんか納得できないような感じがしたのを覚えているが、何しろ初めてのこと、信じるよりしようがなかった。

1992年、アメリカズカップ挑戦艇選抜レースが始まる前に、前哨戦としてIACC世界選手権が開催された。

すでに日本艇にはクリス・ディクソンとニュージーランド・クルーが乗り込んでいる時期だったが、上マークに近づいたときに突然カーボン製のマストが折れたことを強烈に覚えている。強

日本初のIACC艇(J3)は1990年に完成。この年の4月22日に世界のメディアを前に蒲郡ベースキャンプで進水式が行われた

度計算のミスだったのだろうか。というのも、マストは三菱レイヨン製であり、品質には間違いないはずだった。

ちょっと話はずれるが、豊橋の三菱レイヨンの工場を訪ねてマストの製造現場を見たことがあるが、その工場は幅が3〜4メートルあるかないかの細長い建屋だった。そしてマストが完成したはいいが、工場のどこから搬出するかということになり、結局、工場の壁を壊して出すことになった。

その後、マストをベースキャンプへ運ぶ段になったのだが、ヘリコプターで運ぶと揺れて危険だという。それならいかだに載せて川を下り、海から運ぼうとなったが、それもいかだの強度の問題で断念し、結局手押しで運ぶことになった。

夜中に道路上を運ぶ作業は、大変な作業だった。

マストが折れたことも問題だったが、もう一つの問題は、やはり明らかにボートスピードが遅かったことだ。J3とJ6は重くて走らないと、クルーたちが言い始めたのだ。

世界選手権が終わって、とりあえずご苦労さんということになった。ビールを飲みながらスタッフを慰労していると、ヤマハの江口さんと私の周りにクルーたちが集まり、みなが声を揃えて合唱し始めた。「あと2億、もう1杯。あと2億、もう1杯」と。そして、2人に向かって皆が頭を下げるのだ。「お願いします！ もっと速い船を造ってください！」ということを訴えるシュプレヒコールだった。

J3とJ6の走りの遅さを実感したクルーやスタッフたちの心からの願いであり、私たちもそれはよく理解できた。その大合唱を受けて、江口さんと私は外へ出た。外気に当たって深く息を吸い、ぶらぶらと2人で歩きながら、どちらからともなく、いや私からだったかもしれない、「これはもう1隻、造るしかない」と言った。そしてこのときも江口さんは即答だった、「やりましょう」と。資金的なメドなど何もない。私が言外に建造費は2億円を超すかもしれないと言うと、江口さんは「最後はウチが考えます」と言ってくださった。ありがたいと思いましたね。そして会場にもどって、「もう1隻造るぞ！」とクルーたちに宣言すると、大きな歓声がわき、それからチームの雰囲気はガラリと変わった。

江口秀人ヤマハ発動機社長(左)とNORCの大儀見薫さん(右)

この後、東京にもどったチームは、エスビー本社の一角である会議を行った。

出席したのは私、江口秀人、大儀見薫、木村太郎、野本謙作、クリス・ディクソン、その他幾人かの事務局スタッフだったと思うが、その席上、木村太郎さんがいつになく激昂した。

相手は野本謙作さんだった。クリスがいたから、英語での会議だった。

昔、アメリカズカップでとんでもなく走らない12メーター級を造ったデザイナーがいたが、その例を引き合いに出し木村さんはテーブルをドンと叩き、「ミスターノモト! あなたは大変な無駄使いをした。我々にいくらの損をさせたのか!」と言って野本先生に議論を挑んだ。おとなしい日本人はこんな激しい議論はしないと思っていたクリス・ディクソンが目を丸くしていたほどに、会議は荒れた。

仕方がないから最後に私が「ストップ・ファイティング！　このテーブルは俺の持ち物だ。壊してくれるな」と半ば冗談交じりで議論を終えるように宣したのだが、野本さんはその議論が終わると何も言わずに鞄を持って会議室を出て行った。あとでスタッフから、野本さんは涙を浮かべていたと聞いた。木村さんも外国人のような発想でアグレッシヴなものの言いようをするし、野本先生も静かな激情家だったから、あの会議はすごかった。

しかし、95年の2回目の挑戦のときにベースキャンプのハーバーマスターとしてサンディエゴに来てくれと野本先生にお願いしたら、あの人も好きなんだなぁ、戻ってきてくださった。

これが1992年の挑戦時に3隻目を造るに至った経緯だが、そのとき、菊池誠や横山一郎に言ったのは、「時間がない。世界選手権で走った船のことはわかっているだろう。3隻目はそれを参考に造ってくれ」という指示をした。というのも、その段階で数値流体力学を駆使して新たな設計を起こすなんてことはできるはずもなく、チェアマンとして現実的な指示をしたと信じている。

しかし、J6の建造から1年もしないうちに、次に造る船のセールナンバーがJPN26になっていたことには驚いた。それだけ、他チームで新しい船がどんどん造られていたのだった。

このJPN26は現在、蒲郡のラグナマリーナに展示されているが、いま見ても美しい船だと思う。JPN26は速かった。クルーの期待には十分応えてくれた。ニッポンチャレンジ・デザイナー陣の傑作だと思う。

美しいフォルムを持つニッポンチャレンジ3艇目となったJPN26

サンディエゴという街

92年のアメリカズカップは、米国カリフォルニア州サンディエゴで開催された。挑戦各チームはサンディエゴにベースキャンプを開設したのだが、ニッポンチャレンジの隣がフランスチームだった。

あるとき、フランス人がニッポンチャレンジのベースキャンプ前の海に潜り、逮捕されるという「事件」が起こった。海からニッポンチャレンジのベースキャンプを探り、レース艇のキールの様子を調べようとしたとの疑いである。

地元テレビの取材記者が、「彼を訴えますか」と聞いてくるので、「フランスの良識に任せる」なんて格好つけた答えをしたが、その「犯人」に下された処分は「今夜中に国外追放に処する」というものだった。フランスチームとは無関係な行為だったという裁定だが、こんなスパイ合戦が起こるのがアメリカズカップなんだと実感したものだった。

また、時間は前後するが、新艇でのテストが始まると、激しくなってくるのは他チームの海上での偵察行為。少しでも近くに寄って他のチームの情報を得るべくカメラを向けてくるが、それを許さないのがチェイサーボートのドライバー高田幸満だった。レース艇と偵察船の間にいち早くポジションを取る、必要とあらばスキンヘッドの恐ろしげな形相で相手ににらみをきかせる、他のシンジケートでも有名な存在だった。

カップを防衛していたサンディエゴ・ヨットクラブ

さらに時間は前後するが、２０００年のルイ・ヴィトン カップのとき、ニッポンチャレンジはボートの上下架時のキールを隠していたスカートを外して作業をしていた。このときも隣のベースキャンプはフランスチームだった。「６センス」というニックネームのボートだったが、走りはいまひとつ。隣のヤードから我々の船の全形は丸見えであり、たまに写真も内緒で撮っていたのだろう。

レースの間の休みに、フランスチームは船の改造を始めた。工事が進むにつれ、どこか何となく何かに似てきている……ニッポンチャレンジの船に似てきているではないか。フランスのセミファイナル進出は、日本なくしてはなかったのでは……とベースキャンプの中で話題になったものだった。ことほどさように、アメリカズカップで偵察行為は常套手段なのである。

サンディエゴに話を戻そう。

あるとき、ゲイリー・ジョブソンがサンフィッシュという1人乗りディンギーを私に贈ってくれた。アメリカズカップ挑戦で気苦労が多いから、ディンギーにでも乗ってリラックスしたらという心遣いだったのか、それに乗ってベースキャンプの周囲を一人でセーリングしていたら、チームのスタッフが心配してパワーボートで追いかけてきたこともあった。そんなのんびりした雰囲気もあったサンディエゴのベースキャンプであり、1回目のカップへの挑戦だった。

サンディエゴという街は、映画『トップガン』で知られたアメリカ海軍戦闘機兵器学校があり、第8艦隊やキティホークの母港でもあり、原子力潜水艦も現れる。その一方ではヨットが盛んであり、ジュニアセーラーでにぎわい、ちょっと外へ出るとカリフォルニア海流が流れ、クジラが潮を吹く姿が見られ、湾内ではアザラシが遊弋し、水鳥は山の如し。湾の中の航行マナーが厳しく「No Wake」と書かれた看板があちこちに立ち、船の航行に関して厳しく節度を求められた。人間と自然と船がこれほどまでに調和できるのかと驚くほどの、素晴らしい街だった。

大成功の初挑戦

1992年のアメリカズカップ挑戦艇選抜レース（ルイ・ヴィトン カップ）のラウンドロビン1（RR1）でトップになったあと、日本へ帰ったら大騒ぎだった。

始まる前はRR1でトップになるなんて考えもせず、「どこまでいけるんだろうか」と不安でいっぱいだった。内心、この成績はできすぎだと思っていた。

ところが帰国後に開催されたスポンサー関係者が200人も集まったパーティでは、皆が「勝った、勝った」と持ち上げてくれる。「これはツキすぎている。これからはそんなに簡単に勝てるわけはない」という私の気持ちと裏腹な騒ぎを見て、人のいないところで、1人考え込んでいた私を知る人は誰もいないと思う。

とはいえ、毎朝、スキッパーのクリス・ディクソンが行うブリーフィングは気合が入っていた。「グッドモーニング、ジェントルマン」とクルー、スタッフに明るく挨拶をし、その日の予定や戦略の概要を説明するのだが、その情熱はまさにプロとして超一級だった。

クルーの人選もクリスの仕事であり、私も選手の起用についてはクリスに任せていた。スキッパーの彼の周囲、アフターガードをニュージーランド人クルーで固めたのは当然だが、チームキャプテンである南波誠のポストはなかなか決定を見なかった。そこで南波のポジションを考えろと指示をし、クリスは南波をメインシートトリマーに起用したのだった。

これを知った南波が、あるパーティで私に「ありがとうございました」と言ってきたことを覚えている。そこには南波の家族もいて、私は彼の息子に「君のお父さんは日本一のヨット乗りなんだよ」と話したこともあった。南波は、いいパーソナリティを持っていた。

挑戦艇選抜レースで4位にとどまり、敗退が確定した92年の最後のレースで、ニッポンチャレンジ艇のスピネーカーには「SAYONARA」の文字が並んだ。すでに敗退が決まり消化レースになってしまったので、前夜、セールを担当する菊池誠に言って「SAYONARA See You Again」と急遽、書かせたのだ。ちょっと小さいかなと思ったが、印象的なスピンになった。最後に挨拶をできてよかったと思った。

クリス・ディクソン（左）と父親のロイ・ディクソン。写真は1995年当時のもので、このとき親子はニュージーランドから挑戦をしていた

その夜はベースキャンプを開放して誰もが出入りできるようにし、各国の選手、スタッフが数百人集まり、キャンプに残っていたアルコールをすべて出しきり、大いに飲み明かした。

この挑戦以来クリス・ディクソンには会っていなかったのだが、その後、2000年にオリンピックの視察でシドニーに行ったとき、選手としてトルネード級で参加していたクリスに会った。「カイチョー（会長）、カイチョー」と言って、相変わらず元気だった。

いろんな面から成功したと思えた92年の初挑戦だった。だから、95年に再び挑戦することには何のためらいもなかった。

ユニークなチェアマンたち

92年のアメリカズカップを防衛したのは、アメリカキューブだった。

チェアマンはビル・コーク。MIT（マサチューセッツ工科大学）出身の、セーラーというよりも学者肌の人。アメリカズカップに現代科学を持ち込んだ初めてのチェアマンではなかったろうか。

アメリカズカップのベテランであるゲイリー・ジョブソンがナンバー2だったが、ビル・コークはゲイリーを途中でクビにした。経験からの発言しかしないというのがその理由だったように聞いているが、まさに科学的なアプローチをする人物だったのだろう。そのビル・コークが「ニッポンチャレンジは要注意チームだ」とコメ

アメリカズカップに旋風を巻き起こしたマイケル・フェイ（左）と山崎達光・綾子夫妻

92年大会でカップを防衛したアメリカキューブのシンジケート・チェアマン、ビル・コーク

ントしていたのをよく覚えている。

他シンジケートのチェアマンともいろんな話をしたが、ニュージーランドのマイケル・フェイとは先に述べたように腹蔵なく話ができる間柄だった。

そのマイケル・フェイは１９８８年に全長１２０フィートのヨットでアメリカに挑戦を申し込むというとんでもない荒業《あらわざ》に出た。世に言われた「ミスマッチ」である。

その挑戦艇はクルーが20人以上も乗り込み、デッキの左右に張り出たウイングが異様なヨットだったが、フェイ自身もそれに乗り、防衛艇のスキッパーであったデニス・コナーと戦うという決意を固めていた。

当時、その彼をサンディエゴのベースキャンプに訪ねた。

20世紀終盤のア杯を象徴するセーラー、ミスター・アメリカズカップことデニス・コナー

オーストラリアのベテランセーラー、シド・フィッシャーはアメリカズカップの常連

化けものみたいな巨大ヨットのそばで、眉間にしわを寄せてフェイは唸っている。「どうだ、これで勝てるか？」と尋ねると、「うん、最速のヨットだという自信を持ってやっている」と言ったが、「ただデニス・コナーは何をやらかすかわからないからね。それよりも、いま一番頭が痛いのは費用のことだ。もうすでに20億円使った。20億だよ」と悲しそうな顔をして言う。私は、「それでも、勝てばカップホルダーになれるんだから頑張れ」と励ましたことを覚えている。

そのレースにデニス・コナーは、なんとカタマラン〈スターズ&ストライプス〉で対抗し、変則を通り越して茶番劇のようなレースになった。モノハルよりカタマランが速いのは当然。スタート号砲の5分後には100メートル以上の差をつけてデニス・コナーが先行するというような状況だった。ニュージーランド艇は後ろから追うわけだが、何やら大きなクジラがのたうちまわっているというような印象を受けた。

そしてあろうことか、〈スターズ&ストライプス〉は十分なリードを保つとそこで船をとめ、ニュージーランドが追いつくのを待って再び走りだすというようなことを2〜3回繰り返し、当然のことながら勝利を得た。ちょうどネコがネズミをからかうような状況で、スポーツマンシップにおおいに悖《もと》るようなレースだった。

このレースの前にアメリカズカップのレース方法をめぐって裁判沙汰になり、ニューヨーク州の最高裁にまで持ち込まれていた。司法の判断は、「ヨットレースは裁判所でやるものではない。海の上でやりなさい」というものであり、莫大な費用の浪費とこれでいいのかという大きな議論を残したレースだった。あのときのフェイの「まさかカタマランでくるとは」と言った落胆ぶりは、忘れられないことのひとつだ。

シンジケート・チェアマンのなかにはユニークな人物がいる。オーストラリアのシド・フィッシャーも大変な変わり者だった。

挑戦を画策していたある年、シド・フィッシャーに会うべくオーストラリアを訪ね、彼のアメリカズカップ挑戦艇（12メーター級）を見せてくれないかと要請したところ、「日本チームに売れるかも」という気持ちもあったのか、大喜びで自ら真っ白いジャガーを運転して我々を艇庫にまで案内してくれた。

そこには、磨きこんできれいに整備された2隻の12メータークラスがあった。しかし、いざ交渉の段になると、売りたいのか、売りたくないのかよくわからないような実に愛想のない対応ぶりで、どうもしっくりとせず、結局オーストラリア艇を購入するのはあきらめた。

アメリカズカップのシンジケート・チェアマンやシンジケート・オーナーというのはたくさんいる。しかし、アメリカズカップそのものがクラブ同士の戦いであるため、ヨットクラブのコモドアが全体の指揮を執ることが多い。クラブをあげて挑戦の準備をし、クルーを選抜し、スキッパーを定め、試合に臨むという流れだから、チェアマンが表に出て個性を発揮することは昔のアメリカズカップはさておき、近年では意外に少ないのかもしれない。シド・フィッシャーやマイケル・フェイは、そういうなかでもユニークなシンジケート・ボスだった。

ルイ・ヴィトン カップについて

当時のレースフォーマットでは、アメリカズカップ本戦で防衛艇と対戦するには挑戦艇選抜レースを勝ち抜かねばならなかった。その挑戦艇選抜レースをスポンサーしたのがルイ・ヴィトンだった。ゆえに挑戦艇選抜レースはルイ・ヴィトン カップと呼ばれ、その勝者、つまりルイ・ヴィトン カップを獲得してはじめてアメリカズカップの挑戦艇になる。

このルイ・ヴィトンという企業は、海の文化に対して大変に理解があり、単なるバッグを製造・販売するビジネスを行っているのではなく、お洒落のエッセンスが凝縮したような企業だった。

92年、サンディエゴでルイ・ヴィトンが主催するパーティが開催されたことがある。なんと空母キティホークを借り切ってのパーティだった。招待されたのはルイ・ヴィトン カップに参加する全チームと防衛艇選抜レースに参加する全チーム。つまり、この年のアメリカズカップをめぐる関係者すべてだった。

招待されたチームはそれぞれ、戦闘機を甲板に運ぶために装備されている船内リフトに乗せられ船底から甲板にせり上がるようにして登場する。すると、スポットライトが選手に浴びせられ、軍楽隊による華々しい音楽の洗礼を受け、シャンパンがふるまわれるという、なんともお洒落な、しかも荘厳な演出だった。

選手にはキティホークの名前が錦糸で刺繍されたキャップが手渡され、それぞれのシンンジ

1995年ルイ・ヴィトン カップに集まった挑戦チームのスキッパー、代表者たち

ケートの代表のキャップには個人名まで刺繍されている。私はその刺繍入りのキャップを子どもが喜ぶようにしてかぶり、その日のパーティを大いに楽しんだ。

これ以外にもさまざまなパーティを催し、長期にわたる挑戦艇選抜レースに潤いを与えてくれたルイ・ヴィトンに対して、感謝の気持ちが絶えたことはなかった。

1995年、2度目の挑戦

走らぬヨット

1992年、ニッポンチャレンジの最初の挑戦は予想外の好成績で、ルイ・ヴィトン カップ4位というものだった。

1回目の挑戦の幕を閉じ、帰国し、次回の1995年の挑戦をどうするかが大きな問題だった。というのも、最初の挑戦で少々エネルギーを使いすぎたという感覚が私のなかにはあった。そこで、まずはともあれ、ご支援をいただいた皆様にお礼をしようと、ご挨拶まわりを始めた。そうするとほとんどの方々が、「次も挑戦すべきだ。今度は勝てるかもしれないぞ」という意味のことをおっしゃる。

そこで武村洋一、菊池誠、三浦恵美里などのブレインと相談を重ね、95年再挑戦の意思を固めた。

92年は米国がカップを防衛したため、95年の開催地も米国となり、レース海面も同じくサンディエゴに決定していた。

そして、ヤマハ発動機で新たなアメリカズカップ艇JPN30を建造した。

しかし、その新艇のテストセーリングの結果が思わしくない。他国のヨットと比べて明らかにスピードがない、バランスも悪いというような欠点が目についた。設計者の横山一郎さん、東大教授の宮田秀明さんなどテクニカルチームに集まってもらい、「どうする」という話になった。

そこでとった対策はなんと、全長24メートル近くあるレース艇の船体を先端部、中心部、後端部と筒状に3分割し、船のバランスを再調整するという大規模な改造だった。当然、緻密な計算が必要なわけだが、やらざるをえないという状況だったのだ。

船を日本に持って帰って改造するという時間的な余裕はまったくなく、この大改造をサンディエゴの艇庫で行うことになった。

腕のいい造船技術者を補充しこの作業に入ったのだが、やはりいろいろと無理があった。この方法でも解決できないということもはっきりした。改造した船を見てライバルのチームは、まったく違う船を造ったのではないかということをささやいていたが、同じJPN30の改造型であった。しかし、やはりこれも十分納得のできる走りを見せてはくれなかった。

一方、日本国内の経済は91年くらいから閉塞期に入り、92年にはバブルが消え去っており、1

メインセールのロゴ・スペースの真ん中がぽっかりと空いたニッポンチャレンジ艇

回目のような資金調達は無理だった。結果、大変な資金難のなかでの戦いを余儀なくされたわけだが、その象徴がニッポン艇のメインセールのロゴマークの数であった。

9つ準備されたロゴマーク枠のうち、1つがどうしても埋まらなかった。つまり、スポンサーが予定どおり集まらなかったのだ。ロゴの入らない真っ白いスピンを揚げ、レースを戦ったこともあった。

そんななか、スポンサーの1社である電通の成田豊社長、入江雄三専務は、「アメリカズカップは日本の存在感を高めるイベントだ」という見識をお持ちになり、非常に強い情熱をもって支援していただき、応援してくださった。

その結果、NHKのBS放送でニッポンチャレンジが走る全レースを放送することになった。お茶の間に毎日毎日、ヨットレースの映像が届くなんて、それまでの日本では考えられなかった。画期的なことだった。

ところが、肝心のニッポンチャレンジの成績は芳しくなく、結果、挑戦艇選抜レースでまたもや4位で敗退することになった。しかも、その負け方の内容が悪く、チームの勝利に対するモチベーションも感じられず、セミファイナルを全敗するというかたちで終わってしまった。

この低調ぶりを見たNHKは、RR3の途中で放映を中断してしまった。日本の視聴者に喜ばれるような結末はこの後、ありえないというきわめて正確な判断があったのだと思う。ニッポンチャレンジの快進撃を想定して始まった放送だが、そういった映像を流せねば放送する価値がないということだ。

番組にかかわった人の話を後ほど聞いたが、いくつかのレースを残してはいるもののニッポンチャレンジの敗退がほぼ決まった日、コメンテイターが「明日の試合に最後の望みをかけたいと思います」といった意味の発言をしようとしたとき、ディレクターがそれを遮り、「もうニッポンチャレンジの可能性はありません」というようなニュアンスにコメントを変えるよう指示する一幕もあったという。

反省

繰り返しになるが、95年は大変な挑戦だった。満身創痍の状態だった。

ニッポンチャレンジにとって、ダメージは大きかった。財政的、経済的には赤字が残り、精神的には打ちのめされ、お先真っ暗な、つらい思いが残るばかりだった。

準備が不十分であり、すべてが私の思うように事が運ばず、いやな感じの残る奇妙な挑戦だった。

まず、船の設計。

基礎データを担当する技術開発チームと、ヨットの設計を担当するデザイナーの横山一郎さんとの間に意思の統一がなかった。だから、船を3分割するという荒療治を行わねばならなかった。

資金的にも見切り発車し、赤字に終わると予測しながら、そのとおりになってしまった。

また、スキッパーにもこれという人材を見つけることができなかった。すでにクリス・ディクソンとロイ・ディクソン親子はニュージーランドへ帰り、タグ・ホイヤーというスポンサーを見つけ95年に向け独自の挑戦を始めていた。

ニッポンチャレンジは、92年にクリスのタクティシャンとしてレースを戦ったジョン・カトラーをスキッパーとし、南波誠をチームキャプテンに据えた。

三井造船・昭島研究所の試験水槽を走る95年大会用レース艇のスケールモデル

しかし、マスコミに対するセーリングチームの顔というものがはっきりせず、結果的に南波誠が訥々とした英語でメディアを相手に話をすることになった。彼の優しい人柄と当意即妙の受け答えで一躍メディアの人気者になったこともあったが、しかし、彼も本当のところは困っていたのだろうと思う。ある種のフラストレーションを持ちながら3年間を戦うことになった。

ルイ・ヴィトン カップの前に行われた95年のIACC世界選手権で、ニッポンチャレンジは優勝した。それはそれでよかったのだが、スキッパーのジョン・カトラーはその優勝スピーチを「サンキュー」のひと言で終わらせてしまったのだ。並み居る他のスキッパーが、それなりに立派なスピーチをしていたにもかかわらずだ。

95年にチームキャプテンとして共に戦った南波誠

せっかくのアピールの機会に何の演出もなく、ひと言の挨拶で済ませてしまうという戦略のなさが露呈したわけだ。いま思うと、このあたりから陰りが出ていたのだろう。

毎朝のブリーフィングでも意気込みが感じられず、勝つ気がしなかった。

レースが終了すると毎日、ヘッドコーチのピーター・ギルモア、プロジェクトマネージャーの菊池誠、主要選手たちとレースの分析をした。

「スタートポジションはどうだったか」、「なぜあそこでタックをしたか」、「ラフィングマッチの逃げ方は正しかったか」などとやっていたが、負けが込んでくると私にはフラストレーションがたまり、我慢できない状態となり、自分の感情をコントロールできず、会議中にテーブルを思いっきり足で蹴とばしたことがあった。

「なんでこういう負け方をするんだ！」と激昂のあまりだ。おかげで足の親指を捻挫したのだが、翌日、どこかの誰かに街なかで「お前がテーブル・キッカー・チェアマンなのか」と言われたことがあった（笑）。

私にとっては笑えない話だが、ブリーフィングが終わったあと、外国人クルーたちは街のパブに繰り出してほかのチームのクルーたちと情報交換をするわけで、あっという間に私の行状がサンディエゴ中に知れ渡ってしまっていた。


95年の敗退が決まったとき、次の挑戦をどうするかを自問自答しながら、ベースキャンプの周囲を、スタッフを引き連れてウロウロする日を過ごした。資金難、スキッパーの成長、クルー全体の士気、船の設計、すべてが悪いほうへ傾いたんだと猛省しながら、しかし頭のなかは真っ白だった。ただ、このとき、「これで終われるか」という気持ちも一方ではあった。

「次はどうするのか？」。簡単に結論は出なかった。考え、考え、考え、ついに得た結果は、「次もやるしかない」だった。

ここでやめたら、名誉を得るどころの話でなく、アメリカズカップに2度も挑戦した意義すらなくなってしまう。「歯を食いしばってもう1回やるしかない」という気持ちが芽生えてきた。

財政基盤を立て直し、95年の借財をどこまで返せるかという現実的な問題も横たわっていた。それ以上に、2回の挑戦に完敗し、「ハイ、終わりました」はないだろう。もう1回、あらんかぎりの力を出し切って挑戦をすれば過去2回の挑戦が生きてくるだろう、何らかの道が見えてくるだろう。もう1回、ゼロから出発してやり直そうと決心をし、日本へ帰った。

2000年、3度目の挑戦

「速い船」にかける思い

95年の戦いを終えて、関係各社へのご挨拶まわりをした。

そこで頂戴したのは、ほとんどが慰めの言葉だった。「何をやっていたんだ」という罵声の言葉はまったくなかった。その代わり、次の挑戦を支援するという言葉も一切なかった。95年の評価はかなり厳しいものであることが実感された。

しかし、私は3度目の挑戦の決心をした。

「今度こそ」の気持ち、「どんなにつらくても必ずカップを獲得する」という初心に立ち返る気持ちだった。同時に、「いままでのやり方ではダメだ」という確信もあった。

そんなふうに考えていたときに、次のレースは5年後の2000年になるという話になった。95年の挑戦時には3年間の準備期間しかなかったが、それよりも2年も余裕がある。この2年が大きかった。捲土重来への貴重な時間だと考えた。

そして、熟考に熟考を重ねて得た答えは、「速い船を造ること」だった。当たり前だが、そんなふうにシンプルに割りきれるようになったのも、過去2回の挫折があったからだろう。

しかし、「速い船」を実現するには今までのやり方ではダメだという確信もある。前回を引きずって、同じ人間たちだけで挑戦はできない、しかも「今すぐにはできない、1人ではできない」という気持ちだった。

東京大学工学部教授でニッポンチャレンジ2000のテクニカルディレクターの宮田秀明さん

「速い船」にかける思いが募ったのは、東大の宮田秀明教授と出会ったからだった。彼の頭脳、知識、経験、若手を中心とした人材、アプローチのシステムなどに惚れ込んだのだ。

彼は95年の挑戦時にシップ・アンド・オーシャン財団の仕事としてアメリカズカップ艇を研究していた。その研究を通して彼の才能と熱意を知り、彼のビジョンは私に自信めいたものを与えてくれた。

そこでまず、宮田秀明教授を中心に、デザイナーの横山一郎、構造解析の高橋太郎、プロジェクトマネージャーの菊池誠を中核として研究開発を担うテクニカルチームを立ち上げた。

週2回、東京大学工学部の宮田研究室に全員が集合し、「速い船を造る」という作業に入っていった。

彼らはコンピュータ上で200隻以上の船型の計算を行い、そのなかからニュージーランドの海域に合わせた34隻を選び出し、スケールダウンした模型を作った。それを東大の水槽で走らせデータを取って何隻かに絞り込み、その後、その絞り込んだ模型を、ヒールや波を再現できるより精度の高い三井造船の昭島研究所でテストし、さらに絞り込んでいった。そして最後に、レースに参加させる2隻のデザインを決定するという手法を取った。

水槽実験で走らせるスケールダウンされた船体模型

天才的なひらめきも大切なのだろうが、ひらめきに頼るととんでもない船ができてしまうおそれがある。それに、そんなひらめきを持つ設計者は、ヨットの歴史が浅い日本にはいない。

宮田教授の提示してくれた手法はある種の積み重ねであり、日本が得意の手法だと感じた。それに彼の周りには若いスタッフがたくさんおり、東大で繰り返される実験や宮田研究室で交わされる議論は深夜に及ぶこともたびたびで、その若いパワーに将来性を感じるとともに、信頼感も増していった。ダウンベストを着込んで真冬にタンクテストを繰り返すスタッフの様子はまるで南極の越冬隊のようでもあり、そんな姿も頼もしく見えた。

　それと並行して行ったのは、スポンサー集めだ。

　そんな折も折、ニュースキン ジャパンが5億円をポンと出してくれた。

　同社のニッポンチャレンジを見る視点は、従来のスポンサーとは異なっていた。「頑張れ」とか「応援する」といった類の日本の情の世界とはまったく無縁であり、ニッポンチャレンジを広告媒体として割り切って考え、それが同社のビジネス拡大のタイミングにうまくはまったのだと感じた。

　プレゼンを終えて5億円の確約をいただいたときには、「本当か！　本当に5億円か！」と嬉しさ、ありが

宮田研究室のメンバーとテクニカルチームの議論は深夜にも及ぶことがあった

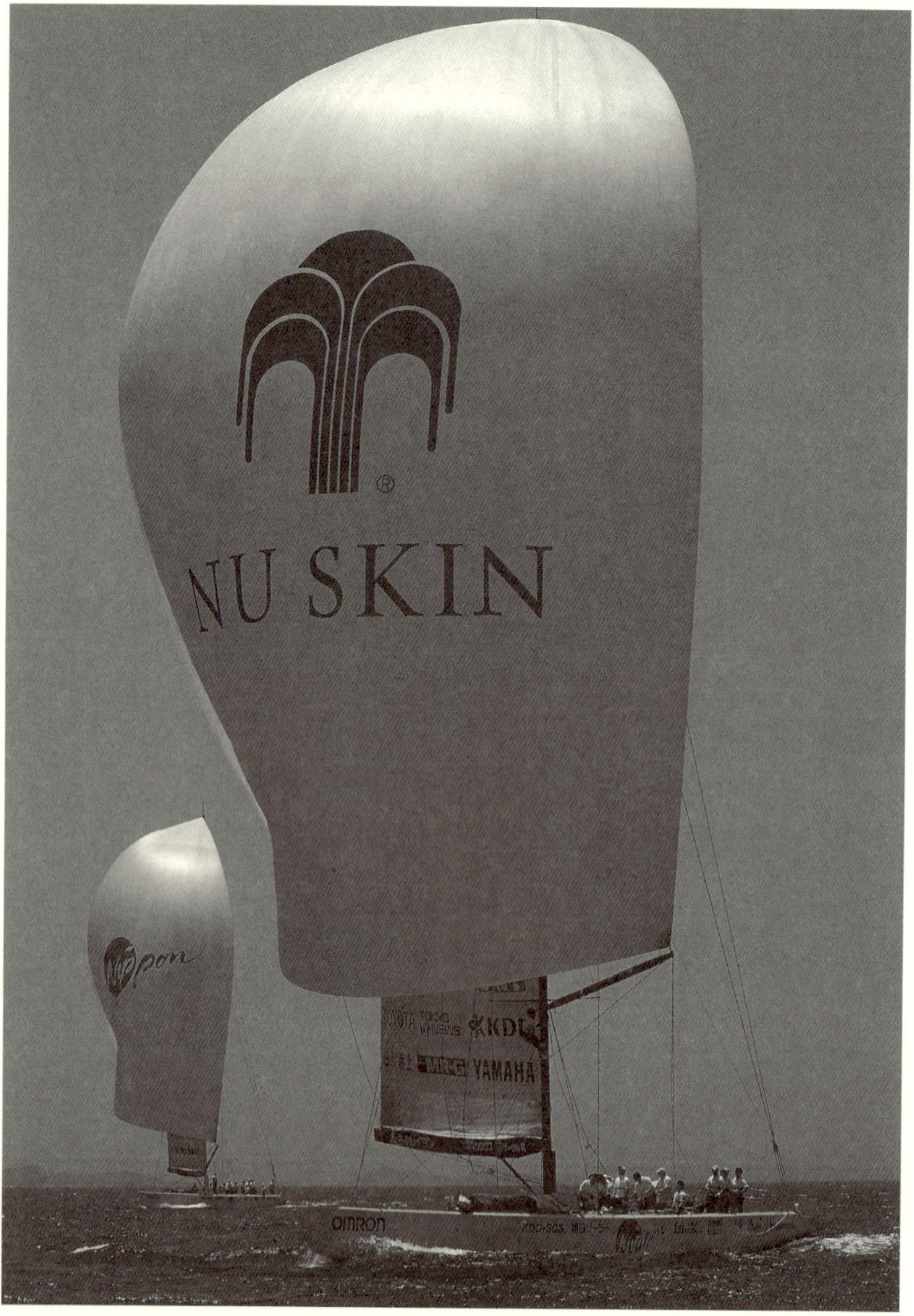

スピンに大きくロゴが描かれ、ニッポンチャレンジ3度目の挑戦は邁進した

たさを通り越して、奇妙な話だが身体が崩れ落ちるようになった覚えがある。と同時に、「期待に応えなければならないし、何よりスタッフに大きな力を与えることができる」と希望が膨らんだ。

モノ、ヒト、カネが揃いつつあると確信できた。

進化した挑戦のかたち

また、最終的に設計された〈阿修羅〉と〈韋駄天〉の2隻は、プロの造船所に発注するのではなく、石川島播磨重工業の横浜磯子の工場を借りてニッポンチャレンジが自前で造るという手法を取った。

GHクラフトの鵜澤潔さんと、後にイギリスのGBRチャレンジのスタッフとなったMDSの高橋太郎さんを中心にし、優秀な造船技師を日本中から集めた造船チームを組織し、それにニッポンチャレンジのデザイナー、クルー、場合によってはオフィスのスタッフも磯子通いをしながらコンポジット作業を必死に手伝った。

なぜ、このようなことをしたか。

もちろん船価を安く上げる方法でもあるのだが、それよりも消費税が節約できるということが大きかった。

造船所に発注すると、それはスポンサーであるヤマハ発動機にお願いするとしても税制上5％

の消費税が課される。これはいかんともしようがないが、資金を有効に使うことを考えるなら、この5％はいかにも惜しい。無駄をとことん突き詰めていった挙げ句にこのような発想に至ったのだが、過去2回の挑戦を通じてこういった知恵も出てくるようになったわけだ。

また、自らが戦う船を自らの手で造るということで、チームの士気も高まるという側面も期待できた。クルーたちが船の構造を知ることもでき、またカーボンファイバーという素材の特質を知りその成形技術も獲得でき、チームの団結力アップにも大いに役立つことが予想できた。ただ船を造るだけではなく、気持ちまでつくる、そんな思いを盛り込んだ作業になった。あれはよくやったと、いまでも思う。

横浜の工場を借りるにあたって石川島播磨重工業の稲葉興作会長を訪ねてお願いをした。「志を一つにするために、工場を貸してください！」と頭を下げると、意気込みが伝わったのか一気に話はまとまった。

クルーたちのこと

2000年の挑戦で感じるもうひとつのことは、ピーター・ギルモアの存在だ。

日本語を覚えて、日本食を食べ、日本に住み、「私が日本人になります」とまで言ってくれた男だ。

95年にセーリングコーチ、2000年にはスキッパーとしてニッポンチャレンジを率いたピーター・ギルモア

彼は95年の挑戦の途中から、セーリングコーチとしてニッポンチャレンジに入った。ルール上レースには出られなかったが、混乱のなかにあったニッポンチャレンジのよきアドバイザーとして機能していた。そのままニッポンチャレンジに残り、2000年にはスキッパーとして本当によくやってくれた。3回の挑戦のなかでのベストスキッパーであろう。探究心が豊富で、日本を理解しようとしてくれた外国人としても尊敬できる一面を持っていた。

また、ピーター・ギルモア以外のセーリングスタッフも健闘した。プロジェクトマネージャーの菊池誠はまとめ役として途中から船に乗り、スキッパーとして艇上をまとめるギルモアと激論を交わしながら意見を貫き通していた。テクニカルスタッフの鹿取正信も、セーラーではないにもかかわらずコンピュータを船内に持ち込み、ヨットレースを徹底的に科学としてとらえるなど新しいセーリングスタイルを追究していた。

3度の挑戦にかかわったセーリングスタッフやクルーたちのことを考えると、さまざまなエピソードが蘇ってくる。

95年の挑戦のときだったか、柴田俊樹がレース練習中にバウでハリヤードをさばいた瞬間に「うっ」という声とともに肩を押さえてしゃがみ込んだ。肩の脱臼だった。大事には至らずレース練習を続けた。しかし、帆走中にまた同じところを脱臼した。練習レースは続行しており、柴田はレースフィニッシュまで痛みをこらえながら舵を持つピーターの後ろでうずくまっていた。

柴田の話は、まだある。ある日のレースは強風に加えて、サンディエゴ特有の大きなうねりのなかでスタートした。1ラップ目は何事もなく通過。2ラップ目の上りでトラブルが起こった。波にバウが突っ込んだときにハリヤードのターニングブロックが破損してヘッドセールが落ち、グルーブから外れた。ジブハリヤードが1本しかないため、ジブが揚がらない。ジブを揚げるには、マストに登り、マストトップのスピンハリヤードをアイに通さねばならない。柴田は20ノットを超える風と4メートルに届くほどの波とうねりのなか、マストトップへ登りトラブルを解消した。見事なクルーワークだった。

95年の新人メンバーのテストで入ったフクちゃんこと早福和彦は、元ベンガルベイ・チャレンジのクルーであり、そのため新人のなかにあって一番の実戦経験者だった。高校時代はバスケットボールの新潟県代表だっただけに、運動神経はピカイチ。現在、アメリカのアメリカズカップ・チームに所属しながら、世界の超一級ヨットレースで活躍するニッポンチャレンジの卒業生だ。

吉田学はニッポンチャレンジ合格時は、まだ帝京大学の現役ヨット部員だった。加入当時、体重は70キロ足らずとか細い身体であった。しかし95年の予選シリーズ開始時には、なんと100キロを超え、3年間で30キロの増量を実現し、立派なメイングラインダーとなった。何事にも手を抜かずに取り組み、ニッポンチャレンジで一番働く男と言われた。

ヨットの経験なくしてニッポンチャレンジのクルーになった者も多い。

木村匡巳はラグビー、バレーボールなど何をやらせても抜群のスポーツセンスを持つ。規定年齢27歳を超えていたが、試験を受けてニッポンチャレンジ合格を果たしている。

内野康弘は高校時代は野球部。NTTに勤務していたが、何かおもしろそうだとニッポンチャレンジのテストを受け合格。

大崎広人は商船大の出身。大手海運会社に就職が決まっていたが、それを蹴ってのニッポンチャレンジ参加。ボクシングのプロライセンスを持つ変わり種。

三好康真は棒高跳びのインターハイチャンピオン。フィットネスクラブのインストラクターからの転身だが、新人合宿で見せつけた彼の身体能力には驚かされた。ジムの天井から吊るされたロープを手だけでスルスルと登り、天井の梁で懸垂をしてそのまま降りてきた。みんな口をあけて見ているだけだった。新人合宿ではブームパンチを食らって流血して病院送り、頭を7針縫うケガを負ったこともあった。

長尾正博の高校時代は香川の名門、丸亀商業野球部のピッチャー。卒業後は、郷里香川で消防士として勤務していた。何かを変えたくてチャレンジに参加したという。

小川正宏は小学校1年生から大学卒業まで、16年間剣道一筋。コネで入った建設会社に入社したその年に退職。ニッポンチャレンジに入った当初はパーマのかかった髪型だったが、当時の田中良三コーチから船速が0・2ノット遅くなるから切ってこいと言われ、バッサリと切った。

他にも多くの優秀なクルーがいたが、そんな彼らのことを思い浮かべながら、常に思い出すシーンがある。

レース日の朝、ミーティングでレースのスターティングメンバーが発表され、レース艇に乗り込むクルーたちの姿だ。曳航されて桟橋を離れて海面に向かう彼らの表情は、緊張感をみなぎらせつつ頼もしくもあった。レースごとに新しい歴史を切り拓いてくれるだろうという思いを込めて、私は毎朝、万感の思いを込めて彼らを送り出したものだった。

出港前、レーシング・クルーたちに声をかける山崎

ニッポンチャレンジが活動を休止してしばらく経つが、彼らは日本のさまざまなセーリンシーンでいまも活躍してくれている。

3回の挑戦に参加し続けたクルーの1人である水津岳太郎は現在、パラリンピックを目指す日本チームの監督として活動しており、つい最近、２０１２年のロンドン・パラリンピックの出場権獲得に貢献している。

短期間ではあったが、非常にレベルの高いセーリング活動を経験したからこそ、このような活動を行い、いまの日本のセーリングシーンを支えることができていると考えている。

支えてくれた人々

クルーについて触れたなら、そのほかの人々についても触れておきたい。

まずは、ニッポンチャレンジの女性スタッフ陣たち。

ニッポンチャレンジ発足時から、優秀な事務局スタッフがどうしても必要だった。その任には英語力が必要で、ときにはシンジケート・チェアマンになりかわって、丁々発止のやり取りをアメリカズカップ・コミュニティ相手に行わねばならない。そこで、才気あふれる女性たちを登用することにした。

まず白羽の矢を立てたのはプロ・スキーヤー三浦雄一郎さんの長女、三浦恵美里である。恵美里に声をかけ、一緒にやってくれないかと要請をした。迷ったようだけど、恵美里も非常にチャレンジャブルな女性であり、日本で初めてのアメリカズカップ挑戦という大イベントに、自分が参加できるということを喜びとして「ＹＥＳ」の答えが返ってきた。

少しずつ軌道に乗ってくると、恵美里だけではとてもとても手が回らなくなってきた。村松真千子が蒲郡へ、東京オフィスには三沢陽子、川上晴美、重田友子、セールロフトに浅沼千里、ベースキャンプには森田比出子というような面々が顔を揃えた。いずれも一騎当千。彼女たちの仕事ぶりは素晴らしかった。大勢のチームの中でそれぞれが仕事をこなしながら、ときには、疲れ果ててお互いに気遣いを忘れそうになるベースキャンプの人間関係におけるショックアブソーバーとしても大変な努力をしてくれていた。２０００年には松岡けいという元気者も加わった。

その他にも、ニッポンチャレンジのロゴや権利問題を解決してくれた弁護士であり事務局長でもあった高木伸學、広報担当の名畑哲郎、ベースキャンプの小野澤秀典、後になって参加した鷲尾猛など、優秀なスタッフに恵まれたニッポンチャレンジだった。

チェアマンも毎日海へ出る

さて、シンジケート・チェアマンにとって、レースの観戦は大事な仕事である。

レース観戦にわざわざ日本から駆けつけていただいたスポンサーや支援者の対応ということも大切であり、序盤はその役割も引き受けたが、中盤からはその仕事はスタッフに任せることとして、私と武村は28フィートのモーターボートを2人だけで使用し、ニッポンチャレンジのレースをつぶさにチェックするという体制をとった。

これはとても効果的だった。ではあるが、レースに日本が負けた日、しかも単純な理由で負けたときの武村のボート・ドライビングは多少荒れ気味で、波も悪かったせいか私自身が落水に注意しなければならないほどで、キャビンの中にもぐり込んでもあちこち身体をぶつけるというような大変なものであった。

武村はヨットレースをよく理解しているだけに、いろいろな感情が交錯したのだろう。勝利を得た日はおだやかにドライビングし、時には鼻歌が出るというようなこともあった。ごく当たり前な人間の感情ではあるが、一戦一戦に一喜一憂し、まさに感情のジェットコースターに乗っていたんだなぁと、懐かしく思い出す。

また、私はチェイサーと呼ばれる約10メートルのラバーボートに乗艇し、レースを見ることもあった。

チェイサーは、レース艇に対する気象情報の提供がもっとも重要な仕事である。ニューヨークからビル・キャンベルという気象のプロ（彼はサンディエゴでも一緒に働いた仲間であるが）をチェイサーに乗せ、局所気象の予報をする。何時何分で風向が変わるとか、波が荒くなるなどの

海上でレース艇のサポートを行うチェイサーボート

極めて細部の予報をするわけだ。

それに便乗しながらレースを間近で見るのが私の日課だったが、ある日、ニューヨーク・ヨットクラブの〈ヤングアメリカ〉との対戦で、我々のチェイサーは上マーク間近でその状況をチェックしていた。

そこで突然に、〈ヤングアメリカ〉が中心部からVの字形に折れ、そのまま沈みそうになるではないか。あわてたクルーは海へ飛び込み、文字どおり「アバンダンシップ」というような様相であった。我々のチェイサーは〈ヤングアメリカ〉のクルーたちの救援にあたり、多くの人を海から引っ張り上げた。

〈ヤングアメリカ〉は半分以上沈んだ状態ではあったが、4時間かけて港に曳航されて陸に戻ってきた。やはり高価なヨットだけに、簡単に沈めるということはできなかったのであろう。

テクニカルチームの鵜沢潔は、〈ヤングアメリカ〉を初めて見たときから、構造的に危ないのではと言っていた。バナナボートと呼ばれるような特異な形状をした同艇は、技術者から見ると折れるべくして折れてしまったのだろう。

船体が真っ二つに折れてしまった〈ヤングアメリカ〉を救援するニッポンチャレンジのチェイサー

ニューヨーク・ヨットクラブは翌日から〈ヤングアメリカII〉をレースに送り込んできた。しかし大きな事故を起こした後の士気は沈滞したまま、ニューヨーク・ヨットクラブはベスト4に残ることなく早々とニューヨークへ帰るという結末に追い込まれた。当時、優勝候補の一角と見られていたチームが、一瞬の事故で敗退をするというアメリカズカップのすさまじさのひとコマであった。

素晴らしい支援の輪

２０００年はニュージーランドが防衛国となり、11シンジケートがオークランドに集結した。日本は3度目の挑戦ということもあり高い評価を得ており、どん

「正正堂堂」のファイティングフラッグを掲げてレースに向かう

な戦いをするのか注目されていたと思う。

結果として、ルイ・ヴィトンカップはセミファイナルで終わった。過去2回とまったく同じ成績だったが、しかし、内容は実りあるものだった。それまでとは、まったく違っていた。

なぜなら、「正正堂堂」という気持ちをチーム全員が持てたからだと思う。

「正正堂堂」――スポーツの世界でよく耳にするこの言葉は、「スポーツマンシップにのっとり、正正堂堂と戦います」といった姿勢を礼賛する一般的な言葉ではなく、「孫子の軍争篇」が出典である。

「無邀正正之旗、無撃堂堂之陣」[正正の旗を邀《むか》うる無く、堂堂の陳（陣に同じ）を撃つなかれ」という意味で、旗波がよく整い、意気盛んな陣列をいい、勢いが盛んな軍隊の形容である。

住友海上火災の徳増さんから贈っていただいた言葉で、これを肝に銘じ、どんな敵を迎えても土俵に上がるときは相手と五分であり、準備さえ整えておればどんな敵にも臆することはなく、相手はおのずからこちらの姿に圧倒されるはず、という気持ちを持つことができた。こんな前向き

2000年挑戦時のニッポンチャレンジ艇進水式にご臨席いただいた高円宮憲仁親王殿下

な気持ちをずっと持ち続けられたことは、過去2回との大きな違いだった。

その気持ちの変化は周囲にも伝わり、高円宮憲仁親王殿下からは「決勝に残ったら応援に行きましょう」というお言葉をいただくほどになり、その他の応援も有機的に組織的になっていった。

日本セーリング連盟からも、多くの人が応援にかけつけてくださった。

ジャーナリストの方々も大勢取材に来られた。

スポンサーの方々もたくさん観戦に来られるので、最初の頃はボートをチャーターしてレースをじっくりと見て楽しんでいただこうと、私もその船に同乗してレースの状況を解説させていただいたりもした。

92年の挑戦時から加山雄三さん(中央)には応援していただいた

ニッポンチャレンジ応援団となるサポーターズクラブも組織され、95年の挑戦時には団長に加山雄三、サポーター代表に田中律子という方たちにも名を連ねていただいた。

また、トヨタの豊田章一郎名誉会長には、自家用ジェット機を仕立てて愛知県小牧からニュージーランドのオークランドに駆けつけていただいた。

その経緯はこうだった。

西暦2000年のミレニアムを迎える前日の大晦日、ニュージーランドはアメリカズカップとともに大いに盛り上がっていたが、私は日本に帰った。豊田章一郎名誉会長にお目にかかり、「ぜひともレースを見てほしい」と懇願するためだ。

それだけ自信もあり、ニッポンチャレンジがやろうとしていることを見ていただきたいという思いからだった。

すると章一郎さんから、「なるほど、日本と海の文化の新しい関係を自分の目で見て、トヨタとしても考えねばならない」とのご返事をいただいた。そこで私が、「小牧からニュージーランドまでの直行便はありますか。あっても非常に本数が少ないから大至急手配をしていただかないと、せっかくの見ていただくチャンスを失ってしまいますよ」というふうに申し上げたら、名誉会長が「おいおい馬鹿なことを言うな、いくらトヨタでも会社にジェット機の1機や2機はあるよ。それを飛ばすから心配をするな」という話が出た。その席には側近の方々もおられたが、ひとりずつに「おい、君も来い」「君も来い」「みんなで行くぞ」となり、加えて奥様も一緒に来られることになったのだ。

豊田章一郎名誉会長が観戦ボートのバウに陣取り、微動だにせずレースを観戦されていたのは印象的だった。章一郎さんは単なるスポンサーというだけではなく、「挑戦する心」というものを終始我々に注入していただき、大きな心の拠り所になっていた。「今度こそ」という気持ちがいやがうえにも増していった。

徳増須磨夫さんと豊田章一郎さんは、スポンサー企業のトップというだけではなく、ニッポンチャレンジを精神的に支えていただき、戦う心を常に思い出させていただいた、私の中では大きな存在のお二人であった。

しかし、せっかく自家用機を飛ばして観戦に来ていただいた章一郎さんの前で、ニッポンチャレンジは勝利することができなかった。

この日に限らず、負けた日はつらかった。

オークランド郊外の家に帰っても、誰ともひと言も口をきかない。「なぜ負けたのか、なぜなのか……」と考えていたのだろうか。それさえも考えていなかったのか、いたずらにパソコンを開いて、データを見つめているようなことだったと思う。そんな日は、誰も私には近づかなかった。

〈阿修羅〉と〈韋駄天〉

ニッポンチャレンジが用意した〈阿修羅〉、〈韋駄天〉という2隻のレース艇は各国の評価も素晴らしく高く、まさに宮田秀明グループの傑作と評価されたヨットであった。〈阿修羅〉はラウンドロビン1と2を戦い、非常な好成績で勝ち抜いた。ラウンドロビン3には〈韋駄天〉を投入し、これも期待に応えてまことによく走ってくれた。

そしてベスト4の戦いとなるセミファイナルに突入する前、次は〈阿修羅〉で戦うか〈韋駄天〉で戦うかという大変な論争がテクニカルのメンバーの間で交わされた。その前からそれぞれの船のよしあしについては菊池誠とピーター・ギルモアの間で激論が続いていた。

2000年のアメリカズカップに挑んだ〈阿修羅〉と〈韋駄天〉

ニッポンチャレンジに限らずセミファイナルまで戦って勝ち抜いてくると、アメリカズカップ挑戦艇のスキッパーでさえ、頭の中は燃えるようにカリカリになってしまう。ときにはヒステリックになり冷静さを欠いた判断も出てくるし、そんなことがおそらく各チームにあったことだろうと思う。激論は、ギリギリまで続けられた。

しかし、ラウンドロビン3とセミファイナルまでの間に〈阿修羅〉と〈韋駄天〉の2ボート・テストをしたとき、スタッフは〈阿修羅〉のスピードの良さを感じたようだった。また、ディフェンディングチャンピオンのニュージーランドチームと〈韋駄天〉が並走して練習したことがあり、そのときの〈韋駄天〉の走りに「いまひとつ」という感触がスタッフの中にあった。半面、ラウンドロビン3の〈韋駄天〉が好成績だったので、そのまま〈韋駄天〉でいくだろうという大方の予想もあった。

結果、この予想を裏切ってラウンドロビン3に投入したのは〈阿修羅〉となったので、「これでいいのか」というような議論がメディアを含めた外部にはあったかと思われるが、最終的には私が総合的に判断して〈阿修羅〉でいこうと決めた。

そして、〈阿修羅〉のトリムタブ、キール、ウイングを一部改造し、万全を期してレースに臨んだ。

しかし、ルイ・ヴィトン カップのベスト4の緒戦となった〈スターズ&ストライプス〉と対戦したとき、キールの一部に不備が発生した。そのために船の推進力が激減し、結局、そのレースを敗退した。勝てると思っていた〈スターズ&ストライプス〉に手痛い1敗を喫すると、その後にも心理的な影響が大きく残った。

これ以降、それまでのニッポンチャレンジとは違う萎縮したような雰囲気がチーム内に漂い始め、「もうあとはない、ここで勝たなければ決勝に出場できない」というプレッシャーのようなものがチーム全体におおいかぶさってきた。船の選択が原因であったとは思わない。

この後、どんな檄を飛ばしても、いかなる発奮を呼びかけても底力を発揮することはなく、おそらくクルーたちは集中力を欠いたままセミファイナルを戦ったのではなかろうか。あらゆる面で叱咤激励をいただいた豊田名誉会長に、勝ち上がっていくたくましいニッポンチャレンジを見せることができず、本当に残念な思いであった。

挑戦を終えて

「もう一度」の気持ち

2000年の挑戦が終わった。

さて、その次はということで準備に入り、2000年の春先から資金の準備のために動き始めたものの、目論見の半分も集まらない。

過去2回とは違い、まったく追い風が吹いてこないと感じた。熟考に熟考を重ねたが、ここで無理をしてはとんでもないことになると判断し、その年の海の日の前日に記者会見を開き、「資金難のため次回の挑戦を断念する」という発表をした。

残念という気持ちと、頑張ったなという気持ちが相半ばした。

しかし、もっと残念なことは、これ以降現在に至るまで11年以上が経っているが、次に挑戦してやろうというセーラーが現れてこないことだ。何よりもまず、「挑戦してやろう」という志を誰も持ってくれないのかということを考えてしまう。一方、「もう一度」という強い気持ちがいまの私にはあるのだが……。

これからのアメリカズカップ

２０００年の挑戦チームの中に「ヤングオーストラリア」というユニークなシンジケートがあった。若い人たちだけで固めたチームだった。他チームのようなベースキャンプも持たず、海に浮かんだ台船に船を置き、整備もクルー自らで行う。チームの遠征費用もクルーが自前で捻出し、興味があって入ってきた者も、あまりの困窮チームの状態を見て、本当にやる気がある者しか残らなかった。華やかなアメリカズカップの世界でとことんクルーたちに努力をさせる、そんなユニークなチームだった。シンジケート・オーナーはアメリカズカップのベテラン、シド・フィッシャーだった。

シンジケート・チェアマンの私からすると、「これも一つのやり方である」という見方だった。シド・フィッシャーも本当のところは潤沢な資金でもう一度、王道を歩むような形でカップに挑戦したいとは考えていただろうが、それがかなわず、やむなくこのやり方を取ったのではなかろうか。

そのときのヘルムスマンが後年、アメリカのオラクルのスキッパーにまで成長した姿を見ると、一つのユニークなやり方であり、結果は大成功であったと思う。判官贔屓ではないが観戦者の注目を集めて人気は高まり、このときのアメリカズカップの一服の清涼剤になっていたと思う。

失ったものは何もない

２０００年以降のアメリカズカップを観て感じることはさまざまある。

まず、95年にカップを獲得し、２０００年にカップを防衛したニュージーランドは、アメリカズカップそのものを、国を代表する輸出産業にした。船もクルーもノウハウも、まとめてスイスに輸出した。

優れたスポーツマンが輸出され、他国の国籍を取ってその国から大きなスポーツ競技に参加するというビジネスモデルの原型となったわけだ。この手法は一般的になり、クルーはその国の人間でなければならないといった、古いアメリカズカップのスタイルからボーダーレスのアメリカズカップへ変化するきっかけをつくった。強い者が力を持つという原則があからさまに表れているともいえるが、一つのスタイルとして確立されてしまった。

２０１０年の第33回のマルチハル対決、２０１３年開催予定の第34回のアメリカズカップがカタマラン対決になったことも同じような変化だととらえている。

アメリカズカップの定義のひとつに、その時代のもっとも速い船で戦うというのがあるとするなら、海という舞台で、ヨットという道具でいかに速く走るかということにその定義が変質してきたといえるだろう。これも自然の流れだと思う。

最先端の技術で、最速のヨットを造り、最高のクルーを揃えて競う、これを突き詰めるとマルチハルになる。造船技術関係者は、この流れを大歓迎しているのではないだろうか。

マルチハル対決となった第33回アメリカズカップ
photo by Gilles Martin-Raget / BMW Oracle Racing

飛行機に例えていうなら、プロペラ機がジェット機に変わったようなもので、このような大変革というのは何十年に一度は起こるべくして起こるのかもしれない。マルチハル同士の戦いはアメリカズカップではないと昔を懐かしむ向きもあるが、アメリカズカップというものの形を一つに限定することはない。

これは、アメリカズカップに昔から残されているものの一つである「勝った者が何でも行える」ということの象徴でもある。世界一周レースだって科学の粋を集めて競われているのに、アメリカズカップだけが古色蒼然たるものでなくてはならないということはない。コンセプトが変わることを否定してはいけない。これからもどんどん変わっていくのではないか。それが、科学技術の粋を集めたヨットレースではないだろうか。

一般論として、何かに挑戦して得たものというのはわかりやすい。それは技術であり、ネットワークであり、仲間でありといくつも数え上げられる。一方で、失ったものはわかりにくいとされている。

しかし、私がアメリカズカップに挑戦して、失ったものは何もない。これは断言できる。勇気や挑戦する心はいまも失ってはいない。２０００年が終わっての記者会見で、「日本は次はどうするのか」と問われたときに「I will comeback」と答え、強烈な拍手をもらったあの気持ちを忘れてはいない。勇気や挑戦の心を失ったのではなく、ただ、その勇気や挑戦の心を支えるバックボーン、つまり資金がなくなったから挑戦を断念しただけなのだ。

では、なぜそのバックボーンがなくなったのか。

理由の一つとして、スポーツ振興や海洋文化の普及に関して、国家が投資をしていないからではないかとつくづく感じる。所詮、「ヨットは遊びでしょ」という視点であり、生活優先の海へもどってしまった観が日本にはある。

幸いにも、２０１１年８月24日にスポーツ基本法が施行され、日本は新しいスポーツの国として一歩を踏み出そうとしている。これは、東京オリンピックを契機に制定されたスポーツ振興法を50年ぶりに改正し、日本のスポーツの一層の推進を図るために制定されたもので、その前文には「スポーツ立国の実現を目指し、国家戦略として、スポーツに関する施策を総合的かつ計画的に推進する」ことを謳い、また総則の第3条では、「スポーツに関する施策を総合的に策定し、及び実施する」ことを国の責務として位置づけている。

この新法を受けて日本のスポーツシーンがどう変わるか、そして海のスポーツがより良い方向へ向かうのか現時点ではわからぬが、同じスポーツといっても、サッカーのワールドカップや野球のＷＢＣのような国民が熱狂するものとセーリングを同列には語れない。セーリングスポーツの特性を皆さんに理解してもらうためにも、スポーツフィールドとしての海の重要性を訴え続けていかねばならないと思う。

日本の海を考える

アメリカズカップ挑戦を断念して後、日本セーリング連盟（ＪＳＡＦ）の会長に就任し、セーリングというものを取り巻く環境を異なった側面から見てきた。

普通に就職をしたサラリーマンが40歳を前に退職して自分で船を造り、家族を連れて世界一周をするというニュージーランドのような国がある一方、海洋国であると言いながら、ビジネスや産業の場としてしか海をとらえられない国が日本なのである。

これでいいのか。なぜ、セーリングスポーツは日本では認められないのか。何が日本には足りないのか。日本人は海が嫌いなのか。海に落ちれば黒潮に乗り、どこかへ流されてしまうという厳しい海があったからか。鎖国が原因か。しかし、海で楽しむ側の努力も足りないのではないか。セーリングの魅力をPRしていないのではないか、などさまざまな思いが頭を駆け巡る。

遥か沖合の海の上で行うスポーツであるため、メディアが取り上げにくいというのは仕方がない。オリンピックもテレビで放送されにくいスポーツは、存続の危機に立たされている。ヘルメットで顔が見えないスポーツは普及しないという伝説が、昔はあった。しかし、アメリカンフットボールやF1は、その伝説を覆した。そこでアメリカズカップやオリンピックのセーリング競技も、努力次第でメディアに受けるスポーツになる潜在能力を秘めているかもしれないということを信じて努力せねばならない。従来とは異なる視点を、見つけ出さねばならないのではないか。

心配なのは、今回の東日本大震災で海は怖いものだという気持ちが日本の人々の心に植えつけられてしまうことだ。

しかし、次代を担う、若い世代のセーラーに言いたい。「余計なことを考えず、海に繰り出しなさい」と。そして、自分たちが知った興奮や感激を生みだす海の素晴らしさを、もっともっとみんなに知らせてほしい。その窓口をいかに広げるかが、これからの大人の仕事である。

壁に向かってボールを蹴っていた子どもたちの喜びや興奮がサッカーのワールドカップにつながっていることを考えると、小さな船で一度でもセーリングしてくれれば、アメリカズカップへつながる可能性は十分にあるはずだ。

ただ、忘れてならないのは、セーリングスポーツは危険と隣り合わせということである。一つ間違えると簡単に命を落とすスポーツでもあるということ。だからこそ、その危険性を熟知し、準備を万端に整え、万が一何かあっても対処できる方法を考えておくのである。それこそが、「正正堂堂」の姿勢であり、海という大自然を前にして人間が取れる唯一の方法ではなかろうか。また、この姿勢を育むために重要なのが、指導者の資質であろう。

アメリカズカップに挑戦しているときはメディアにもたびたび露出され、格好いいと思ってくれた子どもたちも多くいたはずだろう。テレビに流れたニュースで、ジュニアヨットレースに参加した子どもが、「将来はアメリカズカップのスキッパーになりたい」と発言したシーンを見たが、こんなことを続けていければ何かが変わっていくかもしれない。

そのためには、海の素晴らしさを知った人たちが毎週末に海に行くとき、必ず誰かを海へ連れて行こう、と言いたい。1人が1人を連れて、海の楽しさを紹介できれば、海をいたずらに恐れず、しかし海に対する敬愛の念をいだきながら雄々しく、楽しく海を舞台に活動する老若男女が増えてくるはずである。そんな世界を目指して、これからも海での活動を続けたい。

第3章「なぜ挑戦しないのか！」

武村洋一×山崎達光 対談

第1章の武村洋一氏の「アメリカズカップとニッポンチャレンジ小史」、そして第2章の山崎達光氏の戦歴をつづった「ニッポンチャレンジはこう戦った」を通して見えるのは、「挑戦」というキーワードだ。なぜ挑戦したのか、なぜ挑戦し続けることができたのか、そして、なぜ挑戦を断念せねばならなかったのか。ニッポンチャレンジが活動を休止して10年以上が経ったいま、自らの発想や努力、工夫でアメリカズカップに挑戦しようと決意する若いヨット乗りがなぜ出てこないのかという気持ちが、武村、山崎両氏の胸の内にふつふつとわき起こっている。第3章「対談　なぜ挑戦しないのか！」は、1988年から2000年の12年間にわたりアメリカズカップ挑戦に魂を燃やし続けた両氏の、若いセーラーたちに対する大いなる檄である。（編者）

楽しくないわけ、ないじゃないか

山崎

アメリカズカップは大変なレースである、何しろ至高の銀杯といわれるカップの争奪戦なんだからというある種の思い込みがあり、独り歩きしている感がある。メディアの論調もしかりで、セーラーの中にもアメリカズカップを神話、伝説のようなイメージでとらえる傾向があった。しかし振り返ってみると、アメリカズカップ挑戦はものすごく楽しかったんです。

もちろん、レース艇のパフォーマンスが出ない、スタッフが効率よく機能しない、計画がはかどらない、時間が足りない、資金が行き詰まるといった苛立ちは当然であり、苦労は多く、それはそれで大変だったんですが、つらくて悲しいということはまったくなかった。一生を懸けても悔いがないといった楽しさに満ちあふれた「大挑戦」だったという思いですね。

皆さんが考えられているような悲壮感はゼロです。スタッフ全員がベストを尽くしているという気持ちは常にあったし、全員がアメリカズカップに挑戦していることの楽しさを共有していました。

当然ながら、最初の挑戦はすべてが未知なることの連続でした。その未知の皮を1枚ずつはがし、だんだん核心が見えてくるようなワクワク感があった。また、世界の列強に伍してここまで戦えるんだという満足感、そしてレースに勝ったときの充実感は負けたときの悔しさを凌駕していました。3度の挑戦で3度ともにベスト4に残ったことには、大変な満足感があります。

武村

私のアメリカズカップに出合う前のヨット生活というのは、大学のヨット部に象徴されるような貧しいヨットだったんですよ。金《かね》がないからと、いつも我慢をし続けるヨットライフだった。しかし、アメリカズカップに出合ってからは、セーリング環境は恵まれているし、生活を支えるための仕事に時間を割かれることもなく、後顧の憂いなくヨットのことばかりを考える環境になった。楽しくないわけがない。環境、場所、機材、スタッフなどが充実し、これはすごいなぁと感じました。ただ、あまりにも恵まれすぎて、ハングリーな気持ちが欠けてきたかなと感じたことはありました。

山崎　アメリカズカップ挑戦の前まで、私は6隻の〈サンバード〉でセーリングを楽しんできたが、それとはスケールがまったく違う。そのことが最初はわからず、それまでのセーリングの延長上にいるような勘違いをしていたかもしれない。というのも、「アメリカズカップをやるか!」となったときは12メーター級だったもので、そんなに変わらないだろうという気持ちがあった。ところが少しずつ

山崎達光

武村洋一

本質が見えてくると、そのスケールの違いに気づき、震えるほどの興奮をもたらしてくれましたね。

武村　資金集めの苦労など、目に見えない部分の苦労は枚挙にいとまがないんですが、現場は楽しかったですよ。思いっきりヨットができる環境なんですから。クルーたちにとってみればあれだけ動いて、腹いっぱい飯食って、ぐっすり眠って、しかも朝から晩までヨット三昧という生活がずっと続けられるんですから、楽しくないはずはない。ヨットのプロ集団の初めての誕生だったんですよ、ニッポンチャレンジは。

山崎　私も含めて武村さんのようなスタッフは、セーラーに何の心配もなくヨットに専心させるという目標があるから、目的意識が高い。資金集めで平身低頭しようが、ひとつも苦ではなかった。若いセーラーが思う存分ヨットができる環境をつくっている喜びというか、それが仕事なんだという自負がありましたね。我々が苦労しているんだからセーラーも耐え忍んでくれ、なんてことはこれっぽっちもなかった。必要なものは揃える、その代わり栄光を手にしろ！　悔いを残すな！　といった感じでしたね。

一方、レース艇を設計する研究・開発の連中は次々と新しい事実に遭遇する。マネージメント、セーラー、開発スタッフ、それぞれがみんなこの挑戦を楽しんでいたはず。ひいひい言っていたこともありますがね。だって、朝トレやってクルーがゲロはいたり、資金集めがうまくいかず落ち込んだり、ぴったりくる船型が見つけ出せず喧喧囂囂となったり、パート、パートで細かい苦労はいっぱいありましたが、みんなこの挑戦を楽しんでいたはずです。それも、2000年に近づけば近づくほど興奮の度合いは増しました。

レースに負けたことの悔しさは当然あります。しかし、それは何十試合のうちの1つでしかなく、アメリカズカップに挑戦したプロジェクト全体の喜びには比ぶべくもない。アメリカズカップ挑戦、これは楽しかった。

思い出に残ること

武村

92年のルイ・ヴィトン カップの初戦、スウェーデン戦です。

初めてのレース。本当に勝てるのかな、レースになるのかなという気持ちが強かった。しかし、大差で勝ったんですよ。あれには興奮しました。その後、勝ったり負けたりを続けたのですが、あのレースだけは特別でした。やった！　できるんだ！　日本の船も速いし、クルーも負けていないぞと思いました。日本のアメリカズカップ挑戦の幕開けでした。

山崎　あれは強烈な喜びだった。なんと日本が圧倒的に速かった。あの日行われた4レース中で、もっともタイム差の大きな勝利となった。

武村　相手がスウェーデンでよかったですね（笑）。相性があってね、フランスチームとはその相性がよくなかった。スウェーデンにはたくさん勝たせてもらった（笑）。

山崎　私がもっとも印象に残っているのは95年のラウンドロビン3の最後のレースで、相手はオーストラリア。このレースに負ければ挑戦艇選抜戦から脱落する、というレースだった。

ところがこれが相手に先行され、大差で負けていた。30ノットくらい吹いていたかなぁ。すると相手艇のメイントラベラーがデッキから浮いてしまい、メインセールのコントロールができなくなってしまった。しめた、これで巻き返せるかもしれないと考えたのだが、そのとき、人の不幸ってのがこんなにうれしいかと思うほど興奮し、このまま勝たせてくれと願った（笑）。しかし、その思い通じず結局、このレースは負けてしまった。そのときの一連の気持ちのアップダウンはまさしく感情のジェットコースターに乗っているような気分だった。しかし、これで終わりではなかった。

そのレースに負けたことによりセミファイナルは敗退で、ラバーボートはお通夜のような状態。私はといえば、「明日は日本に帰る準備をしないといけない。日本に帰ったらどうなるんだろう、スポンサーにどのように説明するんだろう」などといった思いで頭の中をいっぱいにしながらボートに揺られていたら、突如、無線が入ってきて「フランス艇がディスマスト！」と伝えてくる。別に行われていたレースでそれまで先行していたフランス艇がマストを折り、敗退が確定。それを聞いて、狂喜乱舞です。結果、これでニッポンチャレンジが4位に浮上することになったのだから。「これで日本に帰らないですむ！」。

もし、セミファイナルに残れなかったら、2000年の挑戦もありえなかったかもしれない。あれは大きかったですね。

苦労が続いたスポンサー獲得

山崎　ただ95年に関しては、4位に入るのが精いっぱいだったですね。

シップ・アンド・オーシャン財団が中心になって、議論を重ね、レース艇の設計に関して貴重なアドバイスをいただいたのだが、技術的にACボートとしては未完成だった。もっと時間と資金が必要だった。だって、メインセールに用意していたメインスポンサーのロゴを掲出する枠が埋まらず、1カ所がブランクになったままレースを戦っていたのがすべてを表していたね。

武村　あの頃は、いまのように電子メールがなかった。だから、速報を伝えるには電話かファクスしかなかった。時差があるので電話は使えず、セミファイナル敗退が確定したとき、私はベースキャンプに夜更けまで残り、スポンサー各社に手紙を書き、それをファクスで送りました。「残念ながらセミファイナルで敗退。皆様のご協力に感謝いたします……」。万感の思いをこめて手紙を書きました。誠意をなるべく早くスポンサーに伝えたくてファクスを送ったのですが、いまならメールなんでしょうね。

山崎　2000年も、資金集めには苦労しましたね。

生々しい話ですが、ニュースキン ジャパンさんが5億円を提供してくださるというときは、干天の慈雨どころではないありがたさだったですね。

その話が決まったときは「これは本当なんだろうか」とわが頬をつねる思いでしたね。それまでも、意気込みを共有する従来のスポンサーは協力してくれるという読みはあったんですが、それでもまだ資金的には足りない。コアとなるスポンサーがこれで確保できたという安堵感があった。

武村 当時、山崎さんのお嬢さんが香港に住んでいらして、ニュースキンという勢いのある企業があるのでアタックしてみたらという情報をいただいた。この情報をもとに日本での伝手を探し、ようやく仲介者の方に会えることになったのですが、そのとき、どうしても山崎会長の都合がつかず、私と山崎夫人がその方に会いに行き、ニュースキン ジャパンの社長にとりついでもらうことになったのです。

そして、後日ニュースキン ジャパンの番場孝社長に会って協賛のお願いをするわけなんですが、どうプレゼンすればいいのかずっと考えていた。ニュースキン ジャパンという会社には日本全国にディストリビューターと呼ばれる人たちがいて営業活動をしている。

そこで、「ディストリビューターの心をひとつにするために、NU SKIN の旗を掲げたヨットが日本一周航海をして寄港地ごとにイベントを行う」というような提案をしました。今にして思えば、番場社長はこの提案に乗ってくださったのだという気がします。ニュースキン ジャパンの本社は新宿アイランドタワーの23階で、山崎会長と一緒に何回も通いました。同社幹部との面談を終えると、二人ともなぜか疲れきってしまい、アイランドタワー前の野外カフェテリアで、黙ってコーヒーを飲んでいたのを覚えています。それだけ緊張して、真剣にプレゼンをしたのだと思います。

1997年11月のことでした。先方がいつまでに返事をすればいいかと尋ねられるので「クリスマスまでにお願いします」と少々強気なお願いをしたところ、2週間ぐらい経って当時小石川にあったニッポンチャレンジの狭い事務所へ、番場社長自らの電話で「やります」との返事をいただいた。震えがきて、いっぺんに肩の力が抜けたような感じがしました。それこそ、ニッポンチャレンジにとって最高のクリスマスプレゼントになりました。

山崎

同社が東京ドームを借り切って5万人規模の全国大会をやったとき、スキッパーのピーター・ギルモアや見栄えのいい身体のでかいクルーを連れて行き、私が「何事を成し遂げるにも強い気持ちが必要だ」といった内容の講演を行いましてね。大きな拍手をいただきましたが、あの規模もすごかったですね。しかし、このスポンサー決定で2000年のプロジェクトは元気づきました。

それは当然でして、財政的に安定しないと何事も手につかないのですが、あれ以降、何をやってもスムースになるんですね。クルーや研究・開発のスタッフに心配を与えないような毅然とした態度が自然に取れるようになってきました。

武村

同じ時期、山崎会長から一つのアイデアが出て、「同じ夢を見よう」というテーマの下、「同夢会」というグループを組織しました。これは企業を対象に1社300万円を募り、1社から1人をニュージーランドのアメリカズカップ観戦ツアーにご招待するというものでした。

お金集めのエキスパート、事務局の真木茂さんの奮闘で100社ほどのメンバーが集まった。これで3億円近い資金が調達できたのだが、金額もさることながら、より多くの賛同者を得ることができ、パワーになりましたね。

ニッポンヨットクラブのクラブハウス。ガラスケースの中にはアメリカズカップの写真が飾られていた

山崎　「同夢会」は突如、思いついたアイデアだったのですが、当時は人の顔を見れば資金をお願いするといった具合で、銀座のバーで飲んでいても会う人ごとに「同夢会」に引っ張り込むというありさまでした（笑）。そのうち、ドアから顔をのぞかせて、私がいるとそのまま踵を返して帰ってしまう人が出てきた（笑）。でも、あの頃の企業は活力があったし、挑戦する心を求めていましたね。ネガティブな考え方をする協力者はいなかったなぁ。あの頃、日本の経済はまだ上り坂でしたね。

それとSECOMの飯田亮さんが主宰する「BACKERS」という組織があり、そこが1500万円を用立ててくれることになった。これには現JSAF会長の河野博文さんにご尽力いただいた。その資金でレース艇を支援するサポートボートの購入ができた。立派なボートで気象観測のパソコン等を搭載していて、シリーズを通して大きな戦力となった。このお願いをしたとき、飯田さんの反応は、間髪をいれずの即答だったですね。本当に嬉しかったですね！

そのほか、住友海上の徳増さん、朝日ソーラーさん、電通さんも頑張ってくれた。95年にニッポンチャレンジがふがいない成績だったためNHKが途中で衛星での中継放送をやめたにもかかわらず、電通の力により、2000年の放送をテレビ朝日で毎日流してくれたんだから、その努力や大ですよ。

武村　ニッポンヨットクラブもつくりましたね。あれは木村太郎さんのアイデアだった。元来、アメリカズカップに挑戦するには、エントリークラブが母体になるというのが原則。ニッポンチャレンジの92年の挑戦は便宜的に日本外洋帆走協会という組織を通じての挑戦だったのを、95年の挑戦のためにニッポンヨットクラブを創設したんです。横浜の藤木企業から場所を提供していただき、クラブハウスをオープンしました。藤木さんには港湾荷役やVIPボートの提供など随分お世話になりました。

ヨットやマストなど、巨大貨物、超長尺物などの荷役を藤木企業が一手に引き受けてくれたのです。海上輸送は日本郵船がコンテナ船のデッキを無料で提供してくれました。しかし、積み降ろし、ラッシングがたいへんな作業で、名古屋港、清水港、横浜港のコンテナヤードできびきびと働く藤木企業の作業員がなんとも頼もしく見えたものでした。

このように、直接的な資金だけではなく、オフィシャル・サプライヤーとして多くの企業にご協力をいただきました。

例えば、チームのユニフォーム。ユニフォームといっても、アメリカズカップ挑戦チームとなると社交的な行事も多く、セーリングウエアやスポーツウエアだけがユニフォームではありません。ヨット乗りらしい、清潔感のある服装が必要となります。また、クルーのユニフォーム、トレーニングウエア、ブレザーコートなどは映像や紙誌面に露出されることが多く、チームのセンスを表すだけに、この分野でさまざまなご協力をいただいたことは助かった。

ニッポンチャレンジのブレザーコートはウールメーカーのダイドーリミテッドの協賛だった。クルーの採寸をする段になって、職人さんたちがクルーの胸の厚さ、腕の太さ、異常なまでに発達した体格に驚いていたことが印象的でした。そのブレザーコートを着用した大型クルー集団は圧巻であり、一般セーラーの憧れともなりました。

また、海上でのセーリングウエアはゴールドウインのヘリーハンセンで揃えていただき、陸上のトレーニングウエアはミズノ・ブランドという具合に使い分け、より多くの企業のご協力を仰ぎました。

余談になりますが、これらのユニフォームに描かれたニッポンチャレンジのロゴマークはイラストレーターの小出正巳さんのデザインでした。日の丸を基調に筆記体のＮｉｐｐｏｎが躍ってなかなか好評でした。火の玉マークという異名があったくらいです。ロゴマークはチームフラッグ、エンブレム、ヨット、ボートの船体すべてに表示されていました。

山崎　そういったことどもを考えると、いろんな人々の顔が浮かんでくる。皆さん、ニッポンチャレンジを支援していただいた人々です。

例えば、東京ニュース通信社の奥忠サン。失礼、奥忠サンではなく奥山忠さんです。海における兄貴分のような人で2000年の挑戦のときに素晴らしい公式記録集を制作していただき、とても力づけられました。最初の挑戦のときにも、悩みつつ相談したら、「絶対にやれ!」と励ましていただき、諸手を挙げて支援していただきました。

また、大関の11代目社長の長部文治郎さん。1711年創業の老舗酒造会社ですが、銀座での飲み友達というか文字どおりお酒の大先輩であり、海に関していえば1810年に兵庫県今津港に私費で造られた常夜燈(当時の灯台)の200周年記念を2010年に行われました。お酒に関しては大変にお世話になり、記念式典など事あるごとに「こもかぶり」を贈っていただき、「ワンカップ大関」をこれほど飲んだスポーツチームはないとまで言っていただいた。

朝日ソーラーの林武志さんも元気があった。同社は別府大分毎日マラソンの冠スポンサーをされており、スポーツに対しては大いに理解を示され、ニッポンチャレンジの活動もその勢いで支援していただいた。当時、ニッポンチャレンジのクルーを登場させたユニークなTVCMも放映された。その豪放磊落なパーソナリティが楽しく、大いに酒を酌み交わした。大分県セーリング連盟の現会長でもある。

味の素にもお世話になった。早稲田大学ヨット部OBの岡部有治常務が親身に応援をしてくれた。同社の製品「アミノバイタル」をニッポンチャレンジのクルーが飲んで、そのデータを同社にフィードバックするというかたちで協力したが、この流れは現在の日本セーリング連盟のアテネ、北京のオリンピックチームに引き継がれ、いまだにご支援をいただいている。

多大なる蒲郡市の協力

武村　スポンサーといえば、蒲郡市の協力を忘れてはなりません。

アメリカズカップ挑戦の話が出るまでの蒲郡市は、極めて地味な一地方都市でした。それが、ニッポンチャレンジのベースキャンプができて、外国人も含めたクルーたちが居住するようになって、一躍、国際都市に変貌したのです。

連日、三河湾では火の出るような激しい帆走練習が行われていた。マスコミの取材陣が押し寄せる。蒲郡は、日本中から注目される町になった。

市当局もずいぶん慌てたと思います。1988年のベースキャンプ建設当時の市長は大場進市長で、その風貌物腰とは逆になんとも頼もしい首長だった。実際に動いてくれたのは、松下賢一企画部長、足立守弘企画調整課長で、お二人とも後に副市長にまで昇進されてさすが大物でした。

国有地である港湾区域の使用、水面の占用などは蒲郡市が愛知県に許可申請をしました。市議会ではアメリカ杯蒲郡基地協力会の設置を決議し、毎年相応の予算処置をしてくれました。市民運動会、ママさんバレーボール大会、綱引き大会などの市の行事には外国人クルーも含めてニッポンチャレンジのクルーが参加し、市民との交流を果たしたものでした。官民一体の蒲郡市の協力、ホスピタリティには感謝でした。

次の鈴木克昌市長も熱心に応援いただき、サンディエゴまで市議応援団を組織して乗り込んできました。三人目の金原久雄市長はセーリング、マリンスポーツを市の重点施策ととらえ、ベースキャンプ閉鎖後も商工会議所前にアメリカズカップ艇のマストを旗竿として立てたり、JR蒲郡駅前にアメリカズカップ艇を展示するなど、数々の実績を残されました。そういえば、いまの稲葉正吉市長も愛知大学ヨット部のOBで仲間意識は濃密です。

なぜ、挑戦できたか

山崎　こうしてみると、実に多くの企業、組織、個人の方々にニッポンチャレンジはお世話になっています。これらの方々がいらっしゃらなければ3度のアメリカズカップ挑戦はできなかった。

スポンサーのお願いをするのに、ときには仲間を頼って、ときにはプレゼンの手法に悩み、ときには平身低頭し、ときには心意気で押し切ってきたのですが、皆さん本当にニッポンチャレンジの話をよく聞いてくださった。なぜ、そんなにも我々の話に熱心に耳を傾けてくださったのかと考えてみた。

そこで思いあたるのは、支援のお願いをするにあたり「ヨットレースをやりたいんです」、「アメリカズカップに挑戦したいんです」というスタンスでは誰にも耳を貸してもらえなかったのではないだろうかということだ。これはヨットに限らずどんなスポーツでも同じでしょうが、こういったスタンスでは「それは単にあなたがやりたいことでしょう」で終わってしまっていたはず。実際に「山崎さんの遊びを手伝う筋合いはないよ」と言われたりもしました。

そうではなく、アメリカズカップに挑戦することを通して社会に何を還元できるかということを訴えねば耳を傾けてもらえなかったはず。我々はそれを「挑戦する勇気」という言葉で表現したり、あるいは「日本人の心意気」を訴求したり、「戦う心を若者に見せよう」と鼓舞したり、「日本人はエコノミックアニマルではありません」といったようなフレーズで訴えたんです。言葉を換え、形を変えながら我々はずっとこれらを訴え続けていた。決して単なるお願いではなかったということですね。

企業というものは当然ながら社会の一員としての役割があり、何らかの貢献を社会にせねばならないということは自明の理なんだが、それをどういうかたちで表現すればいいのかの答えを持っていないこともある。そんなときに自分たちの言葉や姿勢、心を本気でお話しする。そこに共感が生まれる。そういった出会いが3度のアメリカズカップ挑戦の中にありましたね。

ですから、これからアメリカズカップに挑もうとする若い人たちが「ご協力いただけませんか」という思いだけを訴えても、企業のコンプライアンスからいってそれはダメだと思う。そんなことやるなら配当金に回しなさい、といった切り返しが容易に想像できる。こんな時代だから、「日本人に何を訴えられるか」というものがバックボーンを貫き、挑戦の意義を再確認しないと、いまの日本でアメリカズカップに挑むことはできない。

武村

そうです！　2000年から10年以上もアメリカズカップに挑戦する人が出てきていない。

後進セーラーに「なぜ、挑戦しないんですか」と言うと「資金がない」という答えが返ってくる。しかし、本気になって資金集めをしたんですか？　と言いたい。本気になってスポンサーを口説いたんですか？　本気になってアメリカズカップ挑戦の意義を説明したのか。たぶん、本気でやっていないんですよ。それでは資金提供者が現れるわけがない。

だから、これから挑戦をしようとしている人は「本気」になってほしい。コンセプトを確立し、理論武装し、死ぬ気になって口説く。相当のエネルギーを要しますが、やるしかないでしょ。

山崎

挑戦を内々に決意したときから始めたのが、葉山のニッポンカップ。三洋証券のスポンサーで始め、ピザーラにスポンサーを引き継いでもらい、日本でグレード1のマッチレースを開催した。世界のトップセーラーを招待し、NHKで放送するなどして、日本中でセーリングに対する興味を喚起し、日本はアメリカズカップに対して本気で考えているぞと思わせる地ならしをした。こういう背景があってアメリカズカップ挑戦のためにスポンサーを口説きに行き、そこで「何のために挑戦するのか」を訴える。これをやることによって、将来、日本を背負って立つ若者に「挑戦する心を植え付けるんだ」とやるわけです

神奈川県葉山で行われたニッポンカップは、ニッポンチャレンジとアメリカズカップの存在を世に知らしめる大きな役割を果たした

よ。いま、アメリカズカップをやりたいと言っている人たちは、ここまでやっていないんじゃないかな。

武村

「費用対効果」をすぐに口にするのが企業の常だが、アメリカズカップ挑戦は「費用対価値」という考え方が必要。企業を説得する行為そのものは、半端な気持ちではダメ。オリンピックでは開催権を獲得するために著名なスピーカーを派遣していますが、初めての挑戦の当時、NHKの看板ニュース番組をやっていたキャスターの木村太郎さんがニッポンチャレンジのスポンサー集めに関していたるところでスピーチしてくれましたよ。山崎・木村コンビでずいぶんスポンサーを集めたんですよ。これは、我々スタッフには真似のできないことだった。

言いたいことは、アプローチから工夫しないといけないということ。ただやりたいです、ではダメ。昔、スポンサーに対して「絶対に勝ちます」と大見得を切ったことがあったが、これには限界がある。日本の若者たちの「勇気」「挑戦」「冒険心」「創造性」などを育てるために支援をお願いします、ということを真摯に伝えないとダメ。

大震災を契機として

武村　アメリカズカップ挑戦を日本人が再び目指す具体的な方法として、ＡＣ45を使って行うユースアメリカズカップに挑戦するのが一つの方法です。

これはヨットを買うか借りれば参加できるので、何百億円もかかる話ではなく、1億円台でできる話です。これだって高額ですが、これに参加することで、国内の若いセーラーの挑戦する心を刺激するという方法もあるわけです。

個人で海外レースに参加する日本人オーナーも多いが、いまはその行為が若い人たちに対する起爆剤になっていない。自分の楽しみだけで終わってしまっている。そんな人たちに、ユースアメリカズカップのことを真剣に考えてほしい。例えば、外洋レースのナショナルチームのような組織をつくって参戦するといった方法もあるわけです。

山崎　「われは海の子」の日本人にとって、海の世界で仰ぎ見る対象が必要なんですよ。例えば、日本セーリング連盟の1万人のメンバーにとってもそれは必要。そういう存在をつくっていくのが幹部の役目ですよね。若い人が大きくなったらやりたいもの。シンプルだけど、大事なスローガンを掲げ、挑戦の礎をつくることに奔走すべきですよ。

陸上競技に例をとると、宗兄弟と瀬古選手がいて、いまのジョギングやマラソンのブームにつながっている。東京マラソンに何万人もが走っている。これを海でもやりたい、セーリングでやりたい。

AC45によって開催された2011年のアメリカズカップ・ワールドシリーズ(予備予選サーキット)。2012年から行われるユースアメリカズカップもこのクラスによって競われる
photo by Gilles Martin-Raget

武村　先日、大学を卒業したばかりでいまはオリンピックキャンペーンを張っている若いセーラーから「アメリカズカップに挑戦したい」というメールが来ました。彼らの世代は、1992年の第1回挑戦のときはまだ小学生にもなっていない。だけど、やりたいという。非常にうれしいですね。彼らに正しい情報を与え、目に見える目標を与えたい。そのためのわかりやすい行動のひとつが、ユースアメリカズカップなんです。

それと、ユースアメリカズカップに出れば、スポーツ・メディアも注目するはずで、外洋のナショナルチームが参戦するとなれば必然的に報道も増えると思う。マスコミもセーリングをもっと勉強して、自分たちの意思でセーリングをもっともっと取り上げてほしいと思う。

その一方で感じるのは、TVも新聞もセーリングのことをあまり扱ってくれないという論調がセーリング界にあると思うが、その責任はこちら側にあると考えています。

セーリングを広めたいと思う人が正しい広報活動をしているのか。外に向かってセーリングの素晴らしさを何らかのかたちで訴えているのか、努力しているのか。ただ、自分たちがヨットに乗って勝った負けたで楽しんでいるだけではないのか。

ヨットレースはわかりにくいから、その仕組みを丁寧に説明して、取材に来やすい環境をつくらねばならない。例えば、地方紙の記者を地元のヨットレースに招待するなど、やれることはいっぱいあるはず。

山崎

いつも思うのだが、やはりセーリング界にもスターが欲しいね。この世界を象徴するアイコンとなれるような人が欲しい。ちょっと前、カーリングというスポーツがブレイクしたが、ストーンを投げる女性選手の顔や目を見てカーリングファンになった人も多いはず。そんな存在が欲しいですね。

次回、韓国や中国がアメリカズカップに挑戦し、ユースアメリカズカップにも参戦する。これを聞いて考えることは、何事においてもアジアのリーダーであるべき日本が、いま、挑戦によって国民や社会に何かを訴えることができるのではないかということ。オリンピックで金メダルを獲る、世界選手権で勝つ、といったものも同じことだが、日本も同様に選手個人や競技団体は一生懸命に努力しているにもかかわらず日本国民が目標を見失い、国全体が沈滞している。なでしこジャパンばかりではないが、こんなときこそ、スポーツの好成績は国民に「元気」を与える。

今回の東日本大震災は、計りしれない大きなショックとダメージをもたらした。日本人に海離れが起きそうな気配があると言う人もいる。私も確かに、相当な努力をしないと日本人の海離れは起きてしまうのではないかとの危惧を感ずる。

まずは生活者が優先されるということは当然だけれ

ど、海から離れられない漁業関係者の心情も理解せず、新住居は海から何百メートルも離れた高台にのみ許可するといった考え方に大いに異論がある。海が好きな人が大勢いるのです。国難ともいうべき今回の大震災は、その打撃に負けないためにも挑戦するんだというきっかけと考えたい。そうでないと海はまた、日本人からどんどん遠い存在になってしまう。アメリカズカップも韓国や中国はもとより、そのうちインドネシアやマレーシアも必ず挑戦するだろうね。その間、日本は何もせずに安穏としているのか。そうなると国としての世界ランキングは下がる一方で、いまに、何もできない日本人と言われてしまう。

大震災の後始末もできず、大震災がきっかけになって海を怖がり遠ざける。人間の勇気をまったく無視した国民になりさがってしまう。山で足を挫《くじ》いたから、もう山には登りませんなんて馬鹿な話はないですよ。

だからこそ勇気をもって大人が立ち上がって、津波なんかに負けないぞということを訴えかけるときではないでしょうか。日本は、海とは絶対に共存しなければいけないのだから……。

武村　アジアでは、日本がヨット先進国だった。それがいまや、韓国や中国にとって代わられそうな勢いだ。みんなが海に目を向け、海で遊ぶことによって、国民や企業のヨットやヨットレースに対する考えが徐々に変わってくると思う。遠い道のりだが、このあたりから変えないとならないと思う。

津波に関していえば、あの日あの時間に、東北の宮古商業高校や東北大学の部員たちは海にいたんです。ボートは流されてしまったが、だれも命は落としていない。これは、すごいことですよ。

前々日に大きな地震が発生し、その余震に備えて海と陸との連絡体制をしっかりと構築していた。これは毎日海を見ている、海象をよく知っている人たちだからこそできたことで、極めて高度なシーマンシップが発揮されたというべきでしょう。このことはもっと大きくアピールして、海に対する姿勢をもう一度考え直すきっかけにしたい。

海は嫌だ、海は怖いといって海に背を向けてはいけない。そうすると、生活者だけの海にまた戻ってしまう。

海の怖さもやさしさも知りつくした人たちが指導者になって、勇気をもって海に向かわなければ、アメリカズカップに挑戦しようという空気も生まれてこない。こんないまだからこそ、アメリカズカップに挑戦してほしい。

また、海の復興はこれから徐々に進んでいくとは思うが、漁港や荷役埠頭の整備だけで終わってほしくない。こういうときにこそ、海をみんなのものにするために、仕事や生活以外の視点からも海を整備し直してほしい。ヨット、ボートの基地、観光埠頭なども包含した総合的なインフラを考えてほしい。遊びは二の次という風潮がまだまだある日本だから、ここはより深く掘り下げて対処してほしい。

山崎　鎖国時代のように、海は怖いからといって海に背を向けて暮らすような民族にだけはなりたくない。このまま海からサヨナラするんですか？　と訴えかけるときなのかもしれない。オリンピックを目指す競技スポーツとしてもっとも被害に遭ったのはセーリング競技なんだから。

それとやはり、アメリカズカップもマルチハルとハードセールに変わったように、ヨットといえども大変なイノベーションの波にさらされているのが現実。海から遠ざかると、このあたりの技術開発力もどんどんおくれていってしまう。資源もない、エネルギーもない日本にとって、最後に残された技術力だけが頼りなのに、それがおくれていってしまう。なにが海洋国日本だ、という気がします。

誰かが立ち上がらないといけない

武村　国は、オリンピックには公的資金を交付している。予算がつくと競技力は向上するんです。

しかし、外洋ヨットというスポーツに関しては国からはまったく何も出ていない。それは自らの活動は自らのリスクで行う、他からの援助は潔しとしないという外洋艇オーナーの矜恃の裏返しでもある。しかし、それですべてがうまくできればいいが、ことアメリカズカップ挑戦はそうはいかない。

外洋ヨットという分野であれ、アメリカズカップ挑戦に関してはスポンサー集めの行為は避けて通れない。国からの直接的な資金という話ではなくても、アメリカズカップのスポンサーに関しては税制面での優遇があったり、環境やハード面でのインフラ整備はしてほしいと思います。これらについてはセーリング界が訴えなければならない、やらなければならないことはいっぱいあるはずです。それを誰がやるのかが問題。やりたいという気持ちだけではダメですね。

それと、もうひとつ、競技力向上も大切だが、生涯スポーツという側面からもセーリングの基盤を強化しないと、アメリカズカップに挑戦するというような気分がなかなか醸成されないと思う。

その生涯ポーツの基盤をつくるのに大切なものの一つが指導者だと思う。ところが、セーリングを普及させるための指導者が不足している。中高校の体育の先生たちの中でサッカーや野球の指導をできる人は多いが、セーリングの指導をできる人は少ない。そこでＪＳＡＦはセーリング経験者を教員にするように、体育学校に働きかけている。将来、体育の教員となる可能性の高い卒業生を輩出する体育学校にセーリングの授業を設け、セーリング経験のある教員候補を多く養成すべきだと思う。

山崎　スポーツにかかわるすべての人々が、わがスポーツこそが生涯スポーツであると言っている。そんな気運のなか、へたをするとそこからセーリングが取り残されてしまうが、そんなことがあってはならない。生涯スポーツとは子どもから大人になってまで一生続けられるスポーツという意味もあるのだろうが、人生のどのステージからでも始められるという意味での生涯スポーツという解釈もある。それにはセーリングはピタリとあてはまる。

セーリングに関していえば、国がやるべき仕事もあるし、ＪＳＡＦがやるべき仕事もある。勇気あるアメリカズカップ挑戦者が登場し、セーリングの必要性を体を張って表現することも必要だ。

国の役割に関していうなら、アメリカズカップ挑戦について国がノータッチというのはつらすぎませんか？　欧米のように個人主義が発達し、スポーツの分野が成熟していると、「俺がやる！」という人物も出てきそうだが、それは日本の状況とは異なる。また、そんな環境がないからこそ中国や韓国では国が支援して挑戦を助けている。いま、日本は極めて中途半端な状況ですね。

武村　不幸にしてこの10年、アメリカズカップ挑戦が途絶えているが、ずっと続けていたら違ったものの見方なども芽生えてきたかもしれませんね。

この10年の間に挑戦しなかったために失ったものの大きさを、よく考えねばならない。

不作為の不法行為という言葉がある。これは法律用語なんでしょうが、それと似たロジックで、挑戦しなかったために手からこぼれてしまったものの大きさ、重要性に思いを致さなければならない。

2011年8月、相模湾で開催されたレースに参加した山崎と武村。〈サンバードフォーエバー〉の前にて

一見、青臭い議論で遠まわりのように見えるが、ここから始めるしかないんですよ。モタモタしているうちにもう10年が過ぎてしまった。この10年で何らかの活動をしていれば、変わっていたかもしれない。結果ダメだったとしても、10年後のいまは変わっていたかもしれない。失われた10年の間には技術的な損失もあるし、クルーのセーリング技術の成長の鈍化、メディアの海に対する姿勢の醸成も途絶えた。

しかし、「挑戦し続けなければ失うものがある」ということは、挑戦した者にしかわからないんだよ。そういう意味で、挑戦した我々が若い人たちに、後世にその意義を伝えることは我々の役目なんですよ。挑戦すれば見えてくる何かがあるはずなんだ。

山崎

困難なことですよ、アメリズカップ挑戦は。しかし、目的を明快にして、勇気をもって立ち上がるしかないんだよ。そのためのロジックを明快にしてやるしかない。「正正堂堂」の旗を揚げるべきですよ。しかし、それをやる人がいないというのはさみしいよね。

武村

カップを目指して興奮したことのある人とそうではない人では、パワーの源が違ってくるんじゃないかな。経験すればするほどパワーが出てくるんだが、山崎さんにしても私にしても余命いくばくもない（笑）。だから、生きているうちに何とかしたいなという気がしますね。

アメリカズカップにはたった3回しか挑戦しておらず、その3回をやったチェアマンが叫んでいるわけですから、その内容は傾聴に値するはず。

山崎

武村さんのアメリカズカップに関する最初の原稿があり、それに触発されるように私の思い出話やこの対談が出てきたわけだが、後世に向けて若いセーラーに何か訴えられる内容になっていればいいと思う。それは読む人次第なのだろうが、ぜひとも自分なりにロジックを構築し、社会とのかかわりのなかでアメリカズカップ挑戦の意義を見つけ、セーリングの素晴らしさを伝える手法を発見し、困難な仕事に立ち向かっていってほしいと思う。

1988年から2000年の12年間にわたり、アメリカズカップ挑戦に魂を燃やし続けた我々だから言えることがある。それが、この本で若いセーラーに伝わってほしい。

例えていうと、私たちはゼロから土地を買って、建物を設計し、10年以上をかけて建造した。それを造った我々と、その様子を外から見ていた人たちとはおのずから視点が違ってくる。一方、その建物はもう古くなって使えない。そこで我々の思いはしっかり伝えるから、若い人たちは自分なりの方法でしっかり新しい建物を造ってほしい。その建造物、つまりアメリカズカップ挑戦は日本にとっていかなる意味を持つのか、とね。

アメリカズカップ挑戦によって日本に何を残せるかをあらためて考えはじめてほしい。「日本人は海への壮大な夢を棄てる気なのか！」と、最後に大声で叫んでおきたい。

1958 第17回。防衛艇〈コロンビア〉(米)が挑戦艇〈セプター〉(英)を破る。

1962 第18回。防衛艇〈ウェザリー〉(米)が挑戦艇〈グレーテル〉(豪)を破る。

1964 第19回。防衛艇〈コンステレーション〉(米)が挑戦艇〈ソヴリン〉(英)を破る。

1967 第20回。防衛艇〈イントレピッド〉(米)が挑戦艇〈ディム・パティ〉(豪)を破る。

1970 第21回。防衛艇〈イントレピッド〉(米)が挑戦艇〈グレーテルⅡ〉(豪)を破る。

1974 第22回。防衛艇〈カレイジャス〉(米)が挑戦艇〈サザンクロス〉(豪)を破る。

1977 第23回。防衛艇〈カレイジャス〉(米)が挑戦艇〈オーストラリア〉(豪)を破る。

1980 第24回。防衛艇〈フリーダム〉(米)が挑戦艇〈オーストラリア〉(豪)を破る。

1983 第25回。挑戦艇〈オーストラリアⅡ〉(豪)が防衛艇〈リバティ〉(米)を破る。カップ史上初の防衛側が敗れたレースとなる。

1987 第26回。挑戦艇〈スターズ&ストライプス〉(米)が防衛艇〈クッカバラⅢ〉(豪)を破る。オーストラリア・パースで開催。

1988 第27回。防衛艇〈スターズ&ストライプス〉(米)が挑戦艇〈キウイマジック〉(ニュージーランド)を破る。カップ史上初めてカタマラン対モノハルで行われた「ミスマッチ」となる。アメリカ・サンディエゴで開催。

1992 第28回。防衛艇〈アメリカキューブ〉(米)が挑戦艇〈イル・モロ・ディ・ベネチア〉(伊)を破る。ニッポンチャレンジ挑戦。サンディエゴで開催。

1995 第29回。挑戦艇〈チーム・ニュージーランド〉(ニュージーランド)が防衛艇〈ヤングアメリカ〉(米)を破る。ニッポンチャレンジ挑戦。サンディエゴで開催。

2000 第30回。防衛艇〈チーム・ニュージーランド〉(ニュージーランド)が防衛艇〈ルナロッサ〉(伊)を破る。ニッポンチャレンジ挑戦。ニュージーランド・オークランドで開催。

2003 第31回。挑戦艇〈アリンギ〉(スイス)が防衛艇〈チーム・ニュージーランド〉(ニュージーランド)を破る。オークランドで開催。

2007 第32回。防衛艇〈アリンギ〉(スイス)が挑戦艇〈チーム・ニュージーランド〉(ニュージーランド)を破る。スペイン・バレンシアで開催。

2010 第33回。挑戦艇〈USA〉(米)が防衛艇〈アリンギ5〉(スイス)を破る。トリマラン対カタマランのミスマッチとなる。バレンシアで開催。

2013 第34回。アメリカ・サンフランシスコで開催予定。

アメリカズカップ年表

1844 ニューヨーク・ヨットクラブ(NYYC)創立

1851 NYYCの〈アメリカ〉が8月22日のイギリスのワイト島一周レースで1位になり、カップを獲得。

1857 カップを「最高度の国際的コンペティションの賞品」とすることにし、贈与証書でレースの基本を規定。

1870 第1回アメリカズカップ開催。防衛艇〈マジック〉(米)が挑戦艇〈キャンブリア〉(英)を破る。この回から13回まではアメリカ・ニューヨークで開催。

1871 第2回開催。防衛艇〈コロンビア〉(米)と〈サッフォー〉(米)が挑戦艇〈ライボニア〉(英)を破る。

1876 第3回。防衛艇〈マデライン〉(米)が挑戦艇〈カウンテス・オブ・ダフェリン〉(カナダ)を破る。このレースから1艇対1艇で競うマッチレース方式が採用される。

1881 第4回。防衛艇〈ミスチーフ〉(米)が挑戦艇〈アトランタ〉(カナダ)を破る。

1885 第5回。防衛艇〈ピューリタン〉(米)が挑戦艇〈ジェネスタ〉(英)を破る。

1886 第6回。防衛艇〈メイフラワー〉(米)が挑戦艇〈ガラテア〉(英)を破る。

1887 第7回。防衛艇〈ボランティア〉(米)が挑戦艇〈シスル〉(英)を破る。

1893 第8回。防衛艇〈ヴィジラント〉(米)が挑戦艇〈ヴァルキリーⅡ〉(英)を破る。

1895 第9回。防衛艇〈ディフェンダー〉(米)が挑戦艇〈ヴァルキリーⅢ〉(英)を破る。

1899 第10回。防衛艇〈コロンビア〉(米)が挑戦艇〈シャムロック〉(英)を破る。

1901 第11回。防衛艇〈コロンビア〉(米)が挑戦艇〈シャムロックⅡ〉(英)を破る。

1903 第12回。防衛艇〈リライアンス〉(米)が挑戦艇〈シャムロックⅢ〉(英)を破る。

1914 〈シャムロックⅣ〉(英)が挑戦するも、第一次世界大戦勃発のため延期。

1920 第13回。防衛艇〈レゾリュート〉(米)が挑戦艇〈シャムロックⅣ〉(英)を破る。

1930 第14回。防衛艇〈エンタープライズ〉(米)が挑戦艇〈シャムロックⅤ〉(英)を破る。この大会からアメリカ・ニューポートで開催。

1934 第15回。防衛艇〈レインボウ〉(米)が挑戦艇〈エンデバー〉(英)を破る。

1937 第16回。防衛艇〈レインジャー〉(米)が挑戦艇〈エンデバーⅡ〉(英)を破る。12メーター級が採用される。

ニッポンチャレンジアメリカ杯1992の支援企業・団体一覧

■オフィシャル・スポンサー

三洋証券株式会社
株式会社長谷工コーポレーション
ヱスビー食品株式会社
ヤマハ発動機株式会社
住友海上火災保険株式会社
日本航空株式会社
株式会社丸井
ユニオンクレジット株式会社
鹿島建設株式会社
株式会社東京ニュース通信社
エーザイ株式会社
味の素株式会社
三菱化成株式会社
日本石油株式会社
三井物産株式会社
株式会社リクルート
サッポロビール株式会社
富士通株式会社
オムロン株式会社
株式会社ブルーチップ
ニッカウヰスキー株式会社
リョービ株式会社
東邦生命保険相互会社
マツダ株式会社
名古屋鉄道株式会社
日本水産株式会社
株式会社ダイドーリミテッド
株式会社リコー
株式会社ＣＳＫ
東海旅客鉄道株式会社

■特別賛助

セゾングループ
蒲郡市
株式会社電通
株式会社神戸製鋼所

■オフィシャル・サプライヤー

株式会社ＣＲＣ総合研究所
株式会社アシックス
石川島播磨重工業株式会社
三井造船昭島研究所
全国農業協同組合連合会
藤木企業株式会社
太陽工業株式会社
三井リース事業株式会社
中国塗料株式会社
ソニー企業株式会社
株式会社小学館
株式会社シダコーポレーション
株式会社神戸製鋼所
日本郵船株式会社
日本無線株式会社
帝人株式会社
三菱レイヨン株式会社

■協力企業

株式会社帝国ホテル
中栄物産株式会社
敷島製パン株式会社
株式会社伊藤園
木徳株式会社
明治製菓株式会社
山本光学株式会社
アキレス株式会社
明星食品株式会社
京都機械工具株式会社
東京ベイマリンサービス株式会社
フクダ電子株式会社
伊勢湾海運株式会社
学校法人駿河台学園
関東自動車工業株式会社
株式会社トキメック
朝日健康管理センター
三井石油化学工業株式会社

■協力団体

財団法人日本ヨット協会
日本少年ヨット連盟
財団法人日本青年会議所
アメリカズカップ蒲郡基地協力会

※企業名、団体名は、ご支援いただいた当時の名称を掲載させていただいています。

ニッポンチャレンジアメリカ杯1995の支援企業・団体一覧

■オフィシャル・スペシャルスポンサー
住友海上火災保険株式会社
日本水産株式会社
株式会社ダイドーリミテッド
株式会社東京ニュース通信社
エスビー食品株式会社
ヤマハ発動機株式会社
朝日ソーラー株式会社
国際電信電話株式会社（KDD）

■オフィシャル・スポンサー
オムロン株式会社
日本航空株式会社
株式会社ディーシーカード
KDD海底ケーブルシステム株式会社
オメガ

■オフィシャル・サプライヤー
帝人株式会社
三菱レイヨン株式会社
日本郵船株式会社
太陽工業株式会社
中国塗料株式会社
株式会社神戸製鋼所
全国農業協同組合連合会
株式会社三井造船昭島研究所
ソニー企業株式会社
日本無線株式会社
株式会社ゴールドウイン
ミズノ株式会社
NEC
サッポロビール株式会社
キッコーマン株式会社
三井リース事業株式会社
藤木企業株式会社
米国トヨタ自動車販売株式会社

■協力企業
マツダ株式会社
リョービ株式会社
山本光学株式会社
明治製菓株式会社ザバス事業部
東京ベイマリンサービス株式会社
敷島製パン株式会社
ファモティク株式会社
マルサン・アイ株式会社
株式会社帝国ホテル
Sperry Top Sider
株式会社萬野総本店
株式会社リコー

■広報協力スポンサー
日本エム・アイ・シー株式会社
株式会社関電工

■協力団体
社団法人日本ジュニアヨットクラブ連盟
財団法人日本ヨット協会
社団法人日本外洋帆走協会
アメリカズカップ蒲郡基地協力会
ニッポンチャレンジアメリカズカップ後援会

■特別協賛
大塚製薬株式会社

■特別賛助
蒲郡市

■オフィシャル・エージェンシー
株式会社電通

ニッポンチャレンジアメリカ杯2000の支援企業・団体一覧

■オフィシャル・スポンサー

ニュースキンジャパン株式会社
カシオ計算機株式会社
KDD株式会社
住友海上火災保険株式会社
株式会社ダイドーリミテッド
株式会社東京ニュース通信社
トヨタ自動車株式会社
日本水産株式会社
ヤマハ発動機株式会社
エスビー食品株式会社
オムロン株式会社
株式会社サンクスアンドアソシエイツ
サークルケイ・ジャパン株式会社
三菱レイヨン株式会社
株式会社フォーシーズ
朝日ソーラー株式会社
アサヒビール株式会社
味の素株式会社
大関株式会社
KDD海底ケーブル株式会社
光陽グループ
日本航空株式会社
日本ヒューレット・パッカード株式会社
森永乳業株式会社
株式会社ニデック

■サポーティング・パートナー

蒲郡市
豊橋市
中部電力株式会社
東海旅客鉄道株式会社
株式会社東海銀行
中部ガス株式会社
株式会社デンソー
株式会社豊田自動織機製作所
株式会社きんでん

■サポーティング・オーガニゼーション

財団法人日本セーリング連盟
社団法人日本ジュニアヨットクラブ連盟
アメリカズカップ蒲郡基地協力会
ニッポンチャレンジ・アメリカズカップ後援会
ニッポンチャレンジ・アメリカズカップ三河湾後援会

■オフィシャル・サプライヤー

日本郵船株式会社
株式会社ゴールドウイン
NEC
日章電機株式会社
株式会社電通国際情報サービス
株式会社丸紅ソリューション
ファモティク株式会社
帝人株式会社
太陽工業株式会社
中国塗料株式会社
三井物産株式会社
日本無線株式会社
三井リース事業株式会社
株式会社三井造船昭島研究所
株式会社CSK
コダマコーポレーション株式会社
ぴあ株式会社
TOKYO FM / JFM
(全国FM放送協議会)

■サプライヤー

藤木企業株式会社
ソニー企業株式会社
東京ベイシッピング株式会社
富士写真光機株式会社
山本光学株式会社
株式会社帝国ホテル
リョービ株式会社
アキレス株式会社
総合成田記念病院
デジタルウイング株式会社

■オフィシャル・エージェンシー

株式会社電通

■同夢会メンバー

ダイドーリミテッド／住友海上火災保険／三菱レイヨン／ゴールドウイン／KDD／東洋インキ製造／朝日ソーラー／大林組／凸版印刷／ジャパンツアーシステム／第一企画／ヨハン(博報堂)／東京ニュース通信社／日本PRM／ぴあ／國分勘兵衛／資生堂／オムロン／ミズノ／大和実業／ミナミスポーツ／田村プラスチック／ピザーラ／パーク24／東洋火災海上保険／富士火災海上保険／カルピス／小西酒造／ミツカン／カゴメ／伊藤忠食品／日本ハム／ポッカ／日本製粉／ニチレイ／ヤマザキナビスコ／松永亀三郎／東京電力／関西電力／北海道電力／東北電力／北陸電力／中国電力／九州電力／東京ガス／大阪ガス／中部ガス／東芝／日立製作所／石川島播磨重工業／佐藤工業／清水建設／大成建設／熊谷組／鹿島建設／間組／丸徳産業／テレビ愛知／トーエーネック／川北電気工業／名古屋トヨペット／兵庫トヨタ／愛知トヨタ／アラコ／矢崎裕彦／三菱商事／愛三工業／豊田合成／アイシン精機／愛知製鋼／トヨタ車体／豊田通商／豊田工機／豊田紡織／関東自動車工業／ガステックサービス／蒲郡信用金庫／ニデック／小池商事／ナガイ／愛知海運／小野喬介／小野全子／豊川信用金庫／豊橋信用金庫／ユタカ産業／荒木石油／中部住宅販売／新協オートサービス／日本ガイシ／竹中工務店／フタバ産業／トヨフジ海運／東海理化／フジコーポレーション／精文館書店／コンパークス

※222～224ページに掲出させていただいた企業・団体のほかに「草の根応援団」「サポーターズクラブ」など、その時々に名称を変えて、日本中から個人のみなさまにご支援をいただきました。

ご支援ありがとうございました

あとがき

２０００年も6月に入った。〈阿修羅〉、〈韋駄天〉という名艇を擁し、チームには継続して挑戦するムードが漂っていたが、なんとも支援資金が集まらないのだ。

景気も下降気味だったし、無理は禁物だった。武村、菊池、恵美里たちと話し合いを繰り返したが、結論は4度目の挑戦を見合わせることにした。

「残念なり」と口惜しく思ったが、資金が充足でなければ戦えない。「カップはニュージーランドにそのままある。次のチャンスを待つしかない」との結論をチーム全員に伝えた。

「海の日」前日の7月19日に、秋田博正元日本セーリング連盟会長に出席いただき、２００３年アメリカズカップにニッポンチャレンジは挑戦を断念した旨を発表した。岸記念体育館の1階、スポーツマンクラブが記者発表の会場だった。大勢のメディアの方々が集まってくれた。10年にわたるニッポンチャレンジの健闘を見守ってくれた人たちばかりであった。納得してくれた。

終了ということはさみしいことである。

各自黙々と作業した。〈阿修羅〉、〈韋駄天〉は、イギリスが次回挑戦のためのトレーニングボートとして購入した。日本が世界に誇るべきこの2隻のヨットには、ニッポンチャレンジのテクノロジーが凝縮してギシギシに詰まっていた。設計部門の金井亮浩、高橋太郎も共に海を渡り、イギリスチームの一員として次を目指した。他にも鹿取正信、脇永達也、早福和彦、谷路泰博はアメリカ・シアトルのシンジケートと契約した。

次の２００３年は激しい年になった。２０００年の勝者、チームニュージーランドのスキッパー、ラッセル・クーツは防衛に成功したが、なんとスイスがクーツ以下ニュージーランドのチームを丸ごと引っこ抜いていった。

この２００３年の大会から、アメリカズカップは進路を少しずつリーウェイし始めた。中国がフランスチームをそっくり抱え込み、初挑戦を果たした。韓国の参入も噂に上った。

さて、２０１３年アメリカズカップはＡＣ72クラスと呼ばれるカタマランが採用されることになった。全長30メートルを超す、キールのない、ウイングセールを使用するボート。トップスピードは40ノットを超す。これを11人でコントロールする。確かにエキサイティングなアメリカズカップが見られるだろう。

日本が一息入れている間に、アメリカズカップはスタジアムで、超満員の観客の前で、スピードを競う形になった。

自分たちが経験したアメリカズカップに想いを抱き、それに挑戦し続けたことを大きな誇りにしている我々にとって、新ルールは奇異なものと感ずる。

しかし、この新しいルールはセーリングを変えるかもしれない。観覧席から見える。メディアに載る。今までセーリングスポーツ界が欲しがっていたものが、身近に寄って来るのかもしれない。素晴らしいことではないか。

大切なことは日本が力を合わせて、再度、いかなるルールの下でも洋上の最高のスポーツ、アメリカズカップ挑戦の夢を果たすことではなかろうか。


60年もの間、ヨットを共に楽しんできたタケさんこと武村洋一さん。今回、本書を共に執筆し、一つの大きな思い出をつくってくれたタケさんに感謝したい。また、本書の執筆・編集にあたり豊崎謙さん、そして出版にあたり舵社の植村浩志さんには大変なご尽力をいただき、御礼申し上げます。

最後になりますが、3度のアメリカズカップにご支援いただいた蒲郡市、スポンサー企業の皆様、ニッポンチャレンジ運営スタッフの皆様に感謝を申し上げ、近い将来に次の世代がアメリカズカップに挑戦することを夢見て筆をおくことにします。

2011年12月20日
山崎達光

著　者　略　歴

武村洋一（たけむらよういち）

1933年、神奈川県横須賀市に生まれる。
早稲田大学高等学院、早稲田大学ではヨット部。
卒後、ヨット〈サンバード〉号のクルーとして外洋帆走にいそしむ。
エスビー食品からニッポンチャレンジに出向し、
3回のアメリカズカップ挑戦に参画。
2001～2008年、（財）日本セーリング連盟事務局長。

山崎達光（やまさきたつみつ）

1934年、東京都に生まれる。

早稲田大学ではヨット部。

卒後、ヨット〈サンバード〉号のオーナーとして外洋帆走で活躍。

1974～1994年、日本外洋帆走協会理事。

ニッポンチャレンジを組織して、1992、1995、2000年アメリカズカップに挑戦。

3度の挑戦ともベスト4を獲得。

2001～2011年、（財）日本セーリング連盟会長、現名誉会長。

写　真　撮　影

矢部洋一 ● カバー、表紙、巻頭カラー（P.1 ～ 8), P.20, 111, 124, 130, 136, 142, 145, 146(右), 147, 151, 154, 156, 157, 167, 170, 174, 175, 176, 177, 202, 209, 220 ／ KAZI編集部 ● P.161, 164, 181 ／ 酒井高夫 ● P.162, 163 ／ 濱谷幸江 ● P.195, 196, 217 ／ 山崎達光氏提供写真 ● P.122, 132, 138, 140, 146(左), 178

究極の
ヨットレース、
アメリカズカップに
挑戦した
ニッポンチーム
海が燃えた日
2012年2月1日 第1刷発行
著 者 武村洋一、山崎達光
発行者 大田川茂樹
発行所 株式会社 舵社
〒105-0013
東京都港区浜松町1-2-17 ストークベル浜松町
電話 03-3434-5181(代表)、03-3434-4531(販売)
編 集 豊崎 謙、植村浩志
装 丁 木村 修
印 刷 株式会社 大丸グラフィックス

ISBN978-4-8072-1302-3

※本書の売上印税は、(財)日本セーリング連盟を通じて東日本大震災の被災地のセーラーに寄付されます。